I0052803

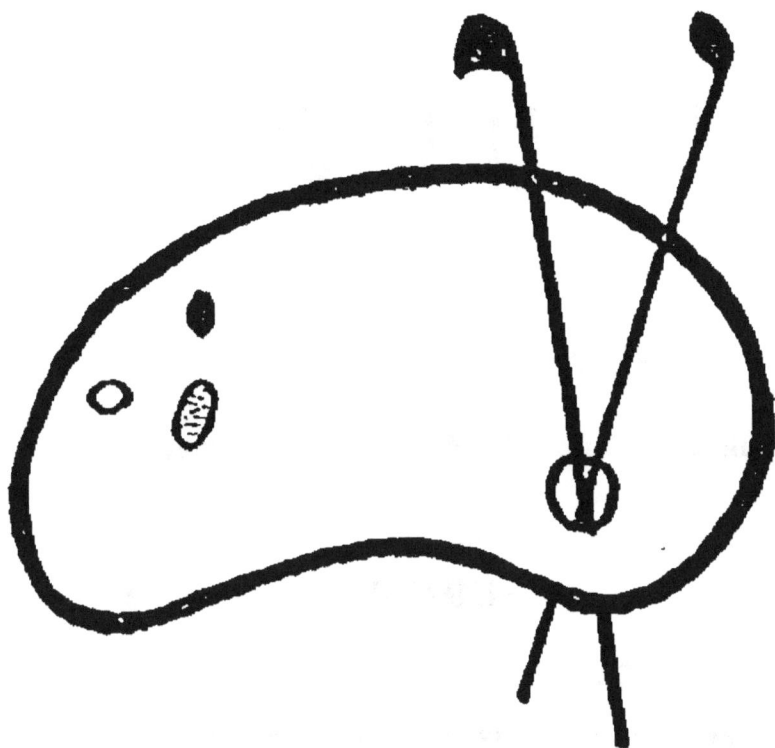

DEBUT D'UNE SERIE DE DOCUMENTS
EN COULEUR

FACULTÉ DE DROIT DE PARIS

DES MARCHÉS

DE

TRAVAUX DE LA GUERRE

THÈSE POUR LE DOCTORAT

Soutenue le Samedi 25 Mai 1895, à 9 heures

PAR

J. AUGIER

PRÉSIDENT : M. HENRY MICHEL, PROFESSEUR

SUFFRAGANTS : { MM. CHAVEGRIN, PROFESSEUR
CHÉNON, AGRÉGÉ

PARIS

LIBRAIRIE

DU RECUEIL GÉNÉRAL DES LOIS ET DES ARRÊTS

ET DU JOURNAL DU PALAIS

L. LAROSE, ÉDITEUR

22, RUE SOUFFLOT, 22

1895

LIBRAIRIE

DU RECUEIL GÉNÉRAL DES LOIS ET DES ARRÊTS

ET DU JOURNAL DU PALAIS

L. LAROSE, EDITEUR

22, RUE SOUFFLOT, PARIS

OUVRAGES DE DROIT

SCIENCES, ARTS, LITTÉRATURE, ETC.

NEUFS ET D'OCCASION

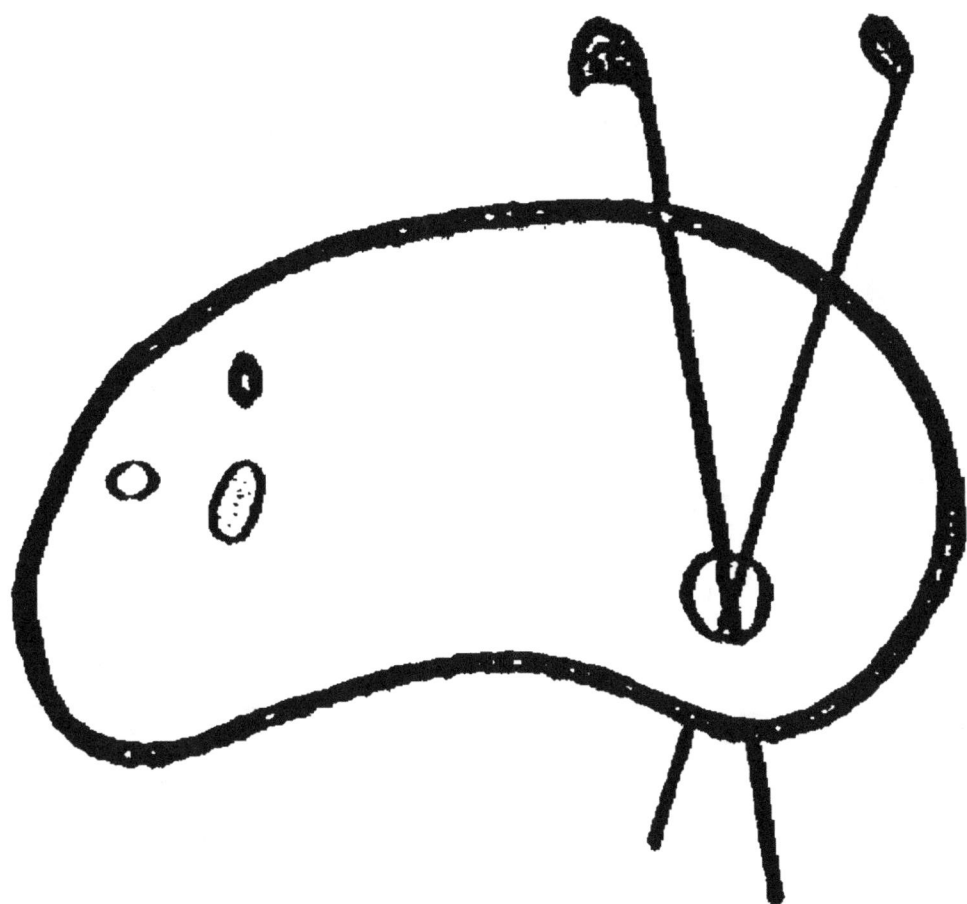

FIN D'UNE SÉRIE DE DOCUMENTS
EN COULEUR

THÈSE

POUR LE DOCTORAT

1886

8°F
8578

IMPRIMERIE
CONSTANT-LAGUERRE

BAR-LE-DUC

FACULTÉ DE DROIT DE PARIS

DES MARCHÉS

DE

TRAVAUX DE LA GUERRE

THÈSE POUR LE DOCTORAT

soutenue le Samedi 25 Mai 1895, à 9 heures

PAR

J. AUGIER

Président : M. Henry MICHEL, Professeur

Suffragants : { MM. CHAVEGRIN, Professeur
{ CHÉNON, Agrégé

PARIS

LIBRAIRIE
DU RECUEIL GÉNÉRAL DES LOIS ET DES ARRÊTS
ET DU JOURNAL DU PALAIS
L. LAROSE, ÉDITEUR
22, RUE SOUFFLOT, 22
1895

La Faculté n'entend donner aucune approbation ni improbation aux opinions émises dans les thèses; ces opinions doivent être considérées comme propres à leurs auteurs.

DES MARCHÉS

DE

TRAVAUX DE LA GUERRE.

~~~~~~~~~~~~~~~~~~~~~~~~~~~~~~~~~~~~

INTRODUCTION.

Les marchés de la Guerre comprennent des marchés de travaux et des marchés de fournitures.

Nous ne nous occuperons dans cette étude que des marchés de travaux.

A la vérité, le marché de travaux emporte le plus souvent avec lui un marché de fournitures; mais ce qui le distingue de ce dernier contrat, c'est qu'il s'analyse toujours en un louage d'ouvrage, tandis que le marché de fournitures s'analyse en une vente.

En outre, les contestations qui peuvent naître de ces marchés, sont de la compétence de la juridiction administrative; mais tandis que le contentieux des marchés de travaux est de la compétence du Conseil de préfecture en premier ressort, et du Conseil d'État en appel, celui des

A. 1

marchés de fournitures est porté devant le Conseil d'État qui juge en premier et dernier ressort.

Enfin le marché de fournitures de la Guerre a un caractère beaucoup plus décidé de puissance publique que le marché de travaux parce qu'il constitue à lui seul une opération administrative, étroitement liée à la marche régulière et normale des services de l'État, et ne pouvant comporter par suite, ni ajournements, ni manquements d'aucune sorte.

En matière de marchés de fournitures, on n'a recours au droit civil ou commercial que lorsque le cahier des charges paraît lui-même s'y référer implicitement, tandis qu'en général pour les marchés de travaux, les règles du Code civil s'appliquent toutes les fois qu'il n'y est pas dérogé par les conventions des parties.

Mais, il faut bien le remarquer, le Code civil n'est pas la seule source où l'on doive puiser pour interpréter les clauses des marchés de travaux de la Guerre, il faut tenir compte aussi des règles spéciales du droit administratif applicables à ces sortes de contrats.

D'ailleurs les intérêts bien compris de l'Administration doivent tendre, nous insisterons sur ce point, à une assimilation de plus en plus complète des marchés de travaux militaires avec des contrats du droit civil.

Cette assimilation est loin d'exister actuellement, les clauses exorbitantes du droit commun sont encore fréquentes dans les cahiers des charges et ne servent le plus souvent qu'à écarter des adjudications les entrepreneurs

sérieux et à susciter à l'État nombre de procès fort oné-
reux.

Les règles fondamentales et d'un caractère tout à fait
général qui régissent les rapports entre l'entrepreneur et
l'Administration, autrement dit les cahiers des clauses et
conditions générales devraient être identiques pour tous
les marchés de travaux de l'État.

Dans les pages qui vont suivre, nous constaterons que le
cahier des clauses et conditions générales de la Guerre du
17 juillet 1889, ne diffère de celui des Ponts et chaussées
arrêté par le Ministre des Travaux publics le 16 février
1892, que sur un nombre relativement peu considérable
d'articles.

Or, le cahier des Ponts et chaussées a précisément servi
de type à ceux des principaux services-constructeurs de
l'État, il serait donc assez facile d'arriver à l'uniformité.

De là, à faire un décret réglant les bases de tous les
marchés de travaux exécutés au compte de l'État, il n'y a
qu'un pas et nous espérons qu'il sera bientôt franchi.

La présente Étude est divisée en cinq titres.

Dans le premier, nous avons donné les notions prélimi-
naires indispensables, dans le titre deuxième, nous avons
étudié les formes dans lesquelles doivent être passés les
marchés.

Le titre III, comprend les règles de fond et les obligations réciproques qui naissent pour l'entrepreneur et l'État, du contrat intervenu.

Nous avons soigneusement séparé dans ce dernier titre tout ce qui a trait à l'exécution normale du marché, des clauses exorbitantes du droit commun, lesquelles font l'objet de trois chapitres.

Chapitre 1 : Changements apportés au marché en cours d'exécution.

Chapitre II : Rupture du marché.

Chapitre III : Mise en régie.

Le titre IV, traite du règlement des dépenses et le titre V des contestations.

Chemin faisant, et toutes les fois que cela nous a paru intéressant, nous avons comparé nos règlements français à ceux en vigueur dans d'autres puissances, en Italie, en Allemagne, et en Belgique

Nous n'avons pas négligé le point de vue historique. Il n'est pas, en effet, sans intérêt de constater combien les marchés de travaux militaires différaient des contrats du droit commun, sous l'ancienne Monarchie française et surtout sous l'Empire.

Il faut arriver à notre époque pour voir se dégager nettement cette théorie que l'État, personne morale civile, lorsqu'il contracte avec un particulier doit abandonner ses droits de puissance publique, toutes les fois que ceux-ci ne sont pas nécessités par des raisons particulièrement pressantes d'intérêt public.

Enfin, nous avons terminé le titre V, par quelques considérations sur la compétence administrative, à laquelle pourrait peut-être échapper le contentieux des marchés de travaux de la Guerre.

Telles sont, brièvement, les idées générales qui nous ont guidé.

En raison de l'ampleur du sujet, nous avons laissé dans l'ombre les questions de détail et d'espèces, pour lesquelles il est toujours possible de se référer, soit au texte des règlements en vigueur soit à la jurisprudence du Conseil d'État.

TITRE I.

NOTIONS PRÉLIMINAIRES.

—•◦•—

SECTION I.

Généralités.

Avant d'aborder l'étude des marchés de travaux militaires, il est indispensable de donner quelques indications très sommaires sur ces travaux et sur le personnel qui en dirige l'exécution.

Les immeubles dépendant du département de la Guerre comprennent :

1° Les ouvrages de fortification ;

2° Les casernes, hôpitaux, manutentions, parcs à fourrages, etc..., plus spécialement dénommés bâtiments militaires ;

3° Les écoles et directions d'artillerie, les arsenaux de construction, forges, fonderies, manufactures d'armes, etc....;

4° Les divers établissements de poudres et salpêtres.

Les travaux de construction et d'entretien de tous ces

immeubles sont des *travaux militaires,* dont la dépense
est entièrement supportée par le Trésor. Par suite, conformément à l'article 1er de la loi du 27 juillet 1870, ils ne
peuvent être mis à exécution qu'en vertu de la loi qui crée
les voies ou moyens, ou d'un crédit préalablement inscrit
à l'un des chapitres du budget de la Guerre.

Les travaux sont exécutés par ordre du Ministre, sous la
direction de trois services distincts :

Le service du génie pour les fortifications et les bâtiments militaires, le service de l'artillerie et des poudres
et salpêtres pour leurs établissements respectifs.

Il y a dans chacun de ces services, et pour une circons-
cription administrative donnée, un directeur et des chefs
du service.

Le chef du service plus spécialement chargé de passer
les marchés et de diriger les travaux, est :

Dans le service de l'artillerie, un officier désigné par le
Ministre, dans celui des poudres et salpêtres, l'ingénieur
chef de l'établissement, et dans celui du génie, le chef du
génie.

Quant aux directeurs, en ce qui concerne les travaux, ils
exercent les attributions définies par les articles 4 et 6 de
la loi du 16 mars 1882 sur l'Administration de l'armée.

Ils donnent des instructions pour la préparation des projets sur lesquels ils consignent leur avis, ils transmettent
les ordres du Ministre et en surveillent l'exécution; ils
vérifient les écritures et les comptes, ils s'assurent que

toutes les dépenses sont régulières et que les travaux sont exécutés conformément aux projets approuvés.

Par application des dispositions des articles 11 et 13 de la loi précitée, les directeurs et les chefs du service peuvent être rendus responsables même pécuniairement des travaux qu'ils auraient ordonnés en dehors des instructions ministérielles.

Ces différents services passent au nom du Ministre de la Guerre pour l'exécution des travaux des marchés qu'on appelle *marchés de travaux militaires.*

SECTION II.

Définition des marchés de travaux militaires. — Caractères juridiques du contrat.

Ces marchés peuvent être définis d'une façon générale :

Une convention passée entre un particulier ou une société commerciale et un fonctionnaire ayant qualité pour représenter l'État, dans le but d'échanger une partie des ressources financières mises à la disposition du Ministre par la loi du budget, laquelle contient l'approbation préalable des dépenses publiques, contre des travaux de construction ou d'entretien d'immeubles dépendant du département de la Guerre.

Quelle est, au point de vue juridique, la définition du marché de travaux militaires?

Ce marché est un contrat de louage d'ouvrage. C'est une *locatio operis faciendi*.

Le louage d'ouvrage, dit l'article 1710 du Code civil, est un contrat par lequel l'une des parties s'engage à faire quelque chose pour l'autre, moyennant un prix convenu entre elles.

Cette définition s'applique au marché de travaux militaires dans lequel l'entrepreneur s'engage envers l'État à exécuter les travaux de construction et d'entretien des immeubles dépendant du ministère de la Guerre, moyennant un prix convenu.

Ces marchés sont soumis aux conditions générales des contrats civils; comme eux, ils doivent être exempts de fraude, de dol ou de violence; ils en diffèrent par le caractère public de l'une des parties contractantes; mais nous verrons que dans les marchés de travaux, cette considération ne doit pas avoir l'importance qu'on est tenté de lui donner; ils en diffèrent aussi par la juridiction administrative à laquelle sont soumises les contestations auxquelles ils peuvent donner lieu.

Bien que nous ayons déjà fait ressortir les différences qui existent entre les marchés de travaux et ceux de fournitures, nous ne croyons pas sans intérêt de revenir ici sur cette question délicate.

La caractéristique du marché de travaux est la création d'un *immeuble*.

C'est un ouvrage de fortification, un arsenal, une caserne, une poudrerie qu'il s'agit de construire ou d'entretenir.

Les marchés de fournitures ont pour but la création ou l'achat *d'objets mobiliers.* La fabrication par l'industrie privée d'armes de guerre et de munitions, l'achat d'approvisionnements de toutes sortes pour l'armée, donnent lieu à des marchés de fournitures.

Dans le premier cas, création d'un immeuble, dans le second, création ou achat d'objets mobiliers.

Il est vrai que dans le marché de travaux, il y a aussi le plus souvent achat ou création d'objets mobiliers. Par exemple, les moëllons extraits d'une carrière pour la construction d'un fort ou d'une caserne sont des objets mobiliers; mais ce qu'il importe de remarquer, c'est que ces objets mobiliers sont *incorporés* au sol par l'entrepreneur et qu'ils deviennent immeubles par suite de cette incorporation.

Ce travail d'incorporation exécuté par l'entrepreneur est absolument nécessaire pour qu'il y ait marché de travaux.

Il est bien évident que si l'Administration achetait des matériaux pour les faire employer par la main-d'œuvre militaire, par exemple, il y aurait marché de fournitures et non marché de travaux.

Le marché de travaux militaires est un contrat *synallagmatique* car il crée à chacune des parties contractantes, des droits et des obligations réciproques.

C'est un contrat passé essentiellement *intuitu personæ.* Nous reviendrons sur ce principe et sur ses conséquences.

C'est un contrat *commutatif*, chacune des parties s'engageant à donner ou à faire une chose qui est regardée comme l'équivalent de ce qu'on lui donne ou de ce qu'on fait pour elle.

Enfin le marché par adjudication publique est un *contrat solennel*, puisque la passation de ce marché est soumise, à peine de nullité du contrat, à des formes particulières réglées par le décret du 18 novembre 1882, relatif à tous les marchés passés au nom de l'État.

Il y a donc des règles de forme.

Au point de vue de la forme, on distingue : les marchés de gré à gré et les marchés par adjudication publique.

Il y a aussi des règles de fond.

Ces règles se trouvent dans le Code civil spécialement aux titres des obligations et du contrat de louage d'ouvrage, dans les conventions intervenues entre l'entrepreneur et l'État, conventions qui font la loi des parties, et dans les *règles spéciales du droit administratif*.

Au point de vue du fond, on distingue : les marchés sur série de prix, les marchés sur devis et les marchés forfait.

Nous reviendrons sur ces diverses espèces de marchés dans la section IV du présent titre.

Comme règle spéciale du droit administratif, nous citerons celle très importante édictée par la loi du 28 pluviôse an VIII, et qui enlève aux tribunaux civils la connaissance de toutes les difficultés qui pourraient s'élever entre les entrepreneurs de travaux publics et l'Administration concernant le sens et l'exécution des clauses de leurs marchés, pour la donner aux Conseils de préfecture.

Les marchés qui nous occupent ne sont donc pas des contrats entièrement assimilables à ceux du droit commun, ce sont des contrats *sui generis*, dans lesquels l'État conserve vis-à-vis de l'entrepreneur certains droits de puissance publique.

Il existe également dans les conventions mêmes intervenues entre l'entrepreneur et l'État et qui font, nous le reconnaissons, la loi des parties, des clauses qui dérogent au droit commun et qui empêchent l'assimilation de ces contrats avec ceux du droit civil.

Pour ne citer qu'un exemple, la mise en régie prévue par le cahier des charges, n'est pas une application pure et simple de l'article 1144 du Code civil, puisque l'autorisation de justice n'est pas nécessaire.

C'est le Ministre qui prononce la mise en régie et qui est seul juge de l'opportunité de la mesure.

Les marchés de la Guerre ont la spécialité de renfermer des clauses nombreuses de ce genre acceptées, il est vrai, par l'adjudicaire, mais qui n'en rendent pas moins très inégales les situations des deux parties contractantes.

On abuse, à notre avis, des raisons d'utilité publique pour justifier ces clauses rigoureuses d'un autre âge qui n'ont, le plus souvent, pour résultat que d'écarter des adjudications, les entrepreneurs sérieux, d'être la source de procès nombreux et, en fin de compte, de léser gravement les intérêts financiers de l'État.

Règles particulières du droit administratif, clauses exorbitantes du droit commun dans les conventions, tout cela constitue des anomalies regrettables dans les marchés de travaux militaires, anomalies qui disparaîtront avec le temps; la logique, les intérêts de l'État bien compris et l'équité finiront par soumettre ces contrats aux règles du droit commun.

Le Conseil d'État dans son avis du 3 juin 1891, sur le projet de révision du cahier des clauses et conditions générales des ponts et chaussées, du 16 novembre 1866, estime qu'il importe de limiter le plus possible les *additions* et *modifications* de ce cahier qui ont *pour but de renforcer les droits de l'État* sur certains points.

La tendance du Conseil d'État est manifeste, les droits de puissance publique et les clauses exorbitantes du droit commun doivent être réduites au minimum compatible avec l'intérêt public.

SECTION III.

Cahier des clauses et conditions générales.

Il y a dans tout marché de travaux militaires des clauses et conditions d'un caractère tout à fait général qui règlent les droits et obligations de l'entrepreneur et de l'État, quelles que soient la *forme et l'espèce du marché* et quel que soit le service chargé de la direction des travaux.

Ces clauses et conditions sont contenues dans un cahier, arrêté par le Ministre de la Guerre le 17 juillet 1889, applicable à tous les travaux et à tous les services de la Guerre et qui a pour titre : « Cahier des clauses et conditions générales imposées aux entrepreneurs des travaux militaires. »

Nous l'appellerons pour abréger : « Cahier de 1889. »

Bien qu'il semble difficile d'admettre que dans un même Ministère, les principes généraux puissent varier d'un service à l'autre, chacun des trois services constructeurs de la Guerre avait autrefois son cahier et ses règles spéciales. C'est le décret du 17 avril 1889, portant règlement sur les travaux militaires qui, en les soumettant à des règles uniformes, a décidé qu'à l'avenir il n'existerait plus pour la Guerre qu'un seul cahier des clauses et conditions générales.

C'est un progrès notable, mais pourquoi s'arrêter en si bonne voie?

Pourquoi les règles fondamentales des marchés de travaux publics de l'État diffèrent-elles d'un ministère à l'autre?

Pourquoi un cahier des clauses et conditions générales pour le service des ponts et chaussées et un autre pour les services de la Guerre?

Il est évident que la diversité des travaux peut entraîner des dispositions variables avec chaque département ministériel, et qu'il serait peut-être excessif de chercher à les uniformiser d'une manière absolue; mais ces dispositions différentes ne sauraient être que des dispositions techniques et de détail qui trouveraient leur place dans le cahier des charges spéciales essentiellement variable, non seulement avec chaque ministère mais encore avec chaque service et avec chaque entreprise.

Nous allons plus loin : pourquoi le cahier des clauses et conditions qui donne les règles générales, les bases fondamentales du contrat, ne ferait-il pas l'objet d'une loi ou d'un décret applicable à tous les services-constructeurs de l'État, de même que les formes dans lesquelles sont passés tous les marchés au nom de l'État sont identiques et réglées par un même décret, celui de 1882 ?

En fait, les principaux services-constructeurs de l'État ont déjà à peu près les mêmes clauses et conditions générales.

En effet, le cahier de 1866 des ponts et chaussées a servi de type à l'administration des Beaux-Arts, à la direction des Bâtiments civils de l'État et des palais nationaux et au service des travaux hydrauliques et bâtiments civils de la marine.

Or, il ressortira de cette étude que les divergences entre le cahier de la Guerre et celui des ponts et chaussées sont relativement peu nombreuses.

On peut donc admettre que l'entente s'établirait facilement entre les différents ministères sur la rédaction d'un décret unique réglant les bases générales des marchés de travaux de l'État.

Il est très désirable que les entrepreneurs de travaux publics soient assurés de trouver dans les divers départements ministériels les mêmes principes. Il n'est pas moins désirable que le Conseil d'État puisse établir une jurispru-

dence uniforme relative aux contestations qui peuvent s'é-
lever entre les entrepreneurs et l'Administration.

Ce n'est pas chose aussi facile qu'on pourrait le croire au
premier abord que de bien connaître les clauses et conditions générales d'un marché.

Pourquoi vouloir compliquer à plaisir cette étude aussi
bien pour les agents de l'administration que pour les entrepreneurs?

D'ailleurs, n'est-il pas arrivé souvent que les ingénieurs
des ponts et chaussées ont prêté leur concours à la Guerre,
notamment en 1840, pour la construction des fortifications
de Paris et plus récemment encore pour la construction de
nos nouvelles casernes?

N'est-il pas utile que ces ingénieurs, s'ils viennent à être
détachés au génie, ce qui peut arriver encore, ne rencon-
trent d'autres différences dans les règles, que celles qui
répondent à des nécessités spéciales et qui trouvent tout
naturellement leur place dans les cahiers des charges spéciales?

En dehors de toute autre considération, comment admettre qu'un entrepreneur sera traité différemment suivant
qu'il construira une caserne pour un régiment de ligne,
ou pour un régiment d'infanterie de marine, et cela quelquefois dans la même ville?

Ne sont-ce pas toujours en définitive, des travaux payés
sur le même budget de la même personne administrative
l'État, et de plus des travaux absolument identiques?

En ce qui concerne les autres départements ministériels,

il est vrai que le conseil général des bâtiments civils a pour mission d'éclairer l'Administration sur les projets qu'elle fait exécuter au compte de l'État, et qui ne rentrent pas dans la compétence de la direction des bâtiments civils.

Ce conseil examine bien les plans, devis et cahier des charges, mais il n'impose pas un type de cahier des clauses et conditions générales; il se borne à donner son avis sur les clauses du marché qui lui sont proposées, lesquelles diffèrent d'un ministère à l'autre.

Si les divergences ne sont pas essentielles entre les bases des marchés de la Guerre, de la Marine, des Travaux publics et des Beaux-Arts, on n'en pourrait dire autant des autres ministères, dont les cahiers des charges varient souvent avec la localité même où sont exécutés les travaux.

Et cependant, ce n'est pas douteux, les entrepreneurs de l'*État*, qu'ils travaillent pour les Finances, l'Intérieur ou la Guerre, doivent être assujettis aux mêmes règles, aux mêmes obligations, et doivent avoir les mêmes droits.

L'uniformité dans les conventions amènerait l'ordre, et avec l'ordre, l'économie dans les finances.

Le cahier des clauses et conditions générales est l'une des pièces principales du contrat, mais elle n'a que la valeur d'une simple convention.

Une circulaire du Ministre, ou même le cahier des charges spéciales à une entreprise donnée, revêtu de l'approbation ministérielle, pourrait modifier ce cahier, changer le sens et la portée des clauses, puisqu'il n'est lui-

A.   2

même qu'une simple décision ministérielle, mais, bien entendu, avant la conclusion du contrat, car une fois l'adjudication approuvée, les conventions ne sauraient être changées que par le consentement mutuel des deux parties contractantes.

Le cahier des clauses et conditions générales du génie a été souvent modifié. Le devis-modèle imprimé en l'an VII a été remplacé par le devis-modèle de 1823; en 1857, parut le devis général des travaux du génie.

En 1876, un cahier des clauses et conditions générales des marchés du service du génie fut arrêté par le Ministre de la Guerre, le 25 novembre 1876, et divisé en deux parties. La première partie contenait les dispositions générales relatives à l'exécution des marchés, la deuxième une instruction sur les marchés.

Enfin le 1er décembre 1887, le Ministre approuva un cahier des clauses et conditions générales imposées aux entrepreneurs des travaux militaires et applicable à tous les services-constructeurs de l'armée. Ce cahier de 1887 n'était que provisoire et fut mis en essai dans les différents services.

C'est ce cahier modifié qui a donné naissance au cahier de 1889, lequel régit actuellement et d'un façon générale pour tous les services de la Guerre, ce qui est relatif à la passation des marchés de travaux, à leur exécution, au règlement des dépenses, aux paiements, aux contestations, etc...

Nous aurons occasion de comparer les clauses et conditions générales de nos marchés de travaux militaires à celles qui régissent les contrats similaires en Italie, en Allemagne et en Belgique.

Existe-t-il dans ces différentes puissances que nous avons choisies précisément à cause des travaux militaires considérables qui y ont été exécutés ces dernières années, des cahiers renfermant les bases générales des marchés, analogues à notre cahier de 1889?

Telle est la question que nous nous sommes posé au début de cette étude, et à laquelle nous pouvons répondre affirmativement.

En Italie, les conditions générales des entreprises des travaux du génie militaire ont été approuvées par décret royal du 14 juillet 1887.

Ces conditions « *Condizioni générali per l'appalto dei lavori del genio militare*, » ont trait aux stipulations du contrat, à l'exécution des travaux, aux métrés, aux paiements, etc...

Les conditions générales applicables aux entreprises de travaux concernant le service du génie militaire belge ont été approuvées par le Ministre de la Guerre à la date du 21 février 1885, et donnent comme en France et en Italie dans un chapitre 1er : les clauses et conditions générales des marchés, et dans un chapitre deuxième : des indications techniques sur les matériaux et sur leur mise en œuvre.

Ce dernier chapitre reproduit à peu près les mêmes indications que notre cahier des charges spéciales sur lequel nous reviendrons à la fin de ce Titre.

Il existe en Allemagne des ordonnances spéciales pour chaque nature de travaux militaires.

Ainsi l'ordonnance du 27 janvier 1884 donne les prescriptions relatives aux marchés de fournitures et de travaux pour les constructions de forts; celle du 20 mars 1888 se rapporte aux travaux de garnison.

Toutefois, les clauses et conditions d'un caractère général de ces différents contrats étant à peu près les mêmes; nous avons choisi comme type, l'ordonnance la plus récente, celle du 20 mars 1888 qui stipule annexe I « les conditions générales des contrats pour l'exécution des travaux de garnison. »

« *Allgemeine Vertragsbedingungen für die Ausführung Von Garnisonbauten.* »

Telles sont les sources auxquelles nous avons puisé et qu'il était indispensable d'indiquer dès maintenant et une fois pour toutes.

SECTION IV.

Diverses espèces de marchés.

Ainsi que nous l'avons dit plus haut, il existe trois espèces de marchés : le marché sur série de prix, le marché sur devis, le marché à forfait.

Dans le marché sur *série de prix,* la quantité des ouvrages à exécuter est indéterminée, l'entrepreneur est payé d'après le métré des travaux faits, auxquels sont appliqués les prix de la série; il s'engage à exécuter tous ceux qui lui seront commandés pendant une certaine période ou pour l'exécution d'un ouvrage déterminé; le montant de l'entreprise n'est pas fixé à l'avance.

Le marché *à forfait* est celui où le travail demandé à l'entrepreneur est complètement déterminé et où le prix est fixé en bloc et à l'avance.

Les règles de ce marché doivent être cherchées dans l'article 1793 du Code civil.

Aux termes de cet article, l'Administration est complètement liée, elle ne peut rien changer à ses plans sans passer une nouvelle convention avec l'entrepreneur relativement aux modifications qu'elle voudrait introduire et aux dépenses supplémentaires qui pourraient en résulter. C'est là un gros inconvénient. Si les marchés sur série laissent à l'État une grande latitude en ce qui concerne la proportion des différents ouvrages à exécuter et leur quantité, le marché à forfait ne lui en laisse pas assez.

Il y a entre ces deux modalités extrêmes, une espèce intermédiaire qui réunit les avantages des marchés sur série et des marchés à forfait, sans en avoir les inconvénients, c'est le marché sur devis. C'est celui presque exclusivement employé par l'administration des ponts et chaussées, et par les autres services-constructeurs de l'État.

Le marché sur devis détermine la quantité des ouvrages à exécuter; il a pour base un devis estimatif lequel donne pour toutes les parties du travail, l'indication des matériaux qui les composent, leurs dimensions principales, leur évaluation, l'application du prix correspondant à chaque nature d'ouvrage, et fait ressortir le montant de la dépense.

Lorsque l'importance et la nature des travaux peut être suffisamment déterminée à l'avance, on a recours au marché sur devis ou à forfait.

Au contraire, lorsque les travaux ne peuvent être l'objet de projets complètement définis, notamment pour les réparations et entretiens, c'est le marché sur série de prix qui doit être employé.

Le marché sur devis tend donc aujourd'hui à devenir la règle et le marché sur série l'exception.

Autrefois, il en était tout autrement, le marché sur série de prix était le mode normal d'exécution des travaux de constructions militaires, notamment dans le service du Génie.

Ce marché sur série a entre autres inconvénients, celui très sérieux de laisser planer sur les conséquences de l'entreprise, un aléa considérable qui peut écarter un certain nombre de concurrents et qui provoque toujours la hausse des offres aux adjudications.

N'est-il pas naturel, en effet, que les entrepreneurs dans le calcul des offres qu'ils doivent faire à l'adjudication, prévoient une certaine somme pour s'assurer contre cet aléa? C'est, en définitive, l'État qui paie la prime de cette assurance.

Les partisans de cette nature de marché prétendent que dans les services de la Guerre les adjudications sont toujours passées sous l'empire de circonstances urgentes qui s'opposent à ce que les projets soient aussi étudiés que l'exigent les marchés sur devis, qu'en cours d'exécution on est presque toujours obligé de faire des modifications qui entraînent avec les marchés sur devis des indemnités souvent onéreuses pour l'État.

Enfin, ils invoquent comme raison péremptoire, l'impossibilité morale, quand il s'agit d'ouvrages de fortification, de communiquer les projets aux soumissionnaires.

Ces objections n'ont qu'une médiocre valeur, et ne sont pas suffisantes pour obliger l'État à se priver des avantages des marchés sur devis.

D'abord il n'est pas rationnel d'entreprendre une construction avant d'avoir étudié en détail ses dispositions principales. Le temps passé à cette étude est largement regagné par la rapidité d'exécution. En cas d'urgence, ce qui importe, ce n'est pas la date du commencement des travaux, mais bien celle de leur achèvement.

Les modifications qu'on fait en cours d'exécution, si le projet est bien étudié, ne sont le plus souvent que des modifications de détail.

D'ailleurs le marché sur devis comporte également des remaniements au projet, puisque l'augmentation ou la diminution dans la masse des travaux peut atteindre un sixième de la dépense totale, limite suffisamment large pour permettre des changements importants.

Si les intérêts de la défense nationale devaient être mis en jeu par le marché sur devis en obligeant à communiquer aux soumissionnaires des projets qui doivent rester secrets, il est évident qu'il faudrait y renoncer et revenir au marché sur série; mais il n'en est pas ainsi.

Le marché sur devis n'oblige nullement l'Administration à dévoiler ses plans. Le cahier de 1889 stipule en effet, que les pièces à communiquer aux candidats comprennent les dessins des ouvrages à exécuter, sauf dans le cas où l'autorité militaire juge nécessaire de ne pas leur *donner de publicité.*

SECTION V.

Pièces du marché.

Les pièces du marché sont celles qui, jointes au procès-verbal d'adjudication ou à la convention de gré à gré, et au cahier des clauses et conditions générales, constituent l'*instrument* du contrat, c'est-à-dire l'acte écrit constatant les conventions intervenues entre l'entrepreneur et l'État, lequel instrument d'après le droit commun, doit se trouver, puisque le contrat est synallagmatique, entre les mains des deux parties contractantes.

Ces pièces varient avec la nature du marché; elles comprennent :

Pour les marchés sur série de prix :

1° Le cahier des charges spéciales ;

2° Le cahier des prescriptions générales ;

3° La série des prix.

Pour les marchés sur devis ou à forfait :

1° Le cahier des charges spéciales ;

2° Le devis ;

3° La série des prix applicables à chaque espèce d'ouvrage ;

4° Une expédition ou des extraits du cahier des prescriptions générales ;

5° Les dessins des ouvrages à exécuter.

C'est en consultant ces documents que les candidats à l'adjudication pourront se rendre compte de l'entreprise, établir d'après leurs propres calculs, leurs chances de gain ou de perte et par suite la quotité du rabais ou de la surenchère qu'ils pourront consentir dans leurs soumissions.

En dehors de ces pièces, l'article 6 du cahier de 1889 prévoit la délivrance de dessins à l'entrepreneur par le chef du service.

Il importe de prévenir dès maintenant la confusion qui pourrait se produire entre ces dessins et ceux indiqués parmi les *pièces* du marché sur devis.

Les dessins prévus à l'article 6, et qui doivent être rendus à l'Administration aussitôt après l'exécution des travaux qu'ils concernent, ne sont autres que des croquis d'exécution détaillant les différentes parties des ouvrages à exécuter.

Ils sont établis au fur et à mesure de l'avancement des travaux et ne font partie, en aucune façon, des pièces du marché, lesquelles doivent être évidemment rédigées avant l'adjudication ou la conclusion du contrat.

Ce paragraphe de l'article 6 n'est pas à sa place; il serait avantageusement reporté au titre II du Cahier de 1889 : « Exécution des travaux. »

SECTION VI.

Série des prix ou bordereau.

Quelle que soit l'espèce du marché, les prix des différents ouvrages se trouvent toujours indiqués dans une pièce du contrat appelée série ou bordereau des prix.

Le bordereau a une importance capitale au point de vue du règlement des sommes dues à l'entrepreneur.

C'est un tableau des différents prix afférents à chaque nature d'ouvrage énumérés sans aucun détail, sans le mélange d'aucun chiffre étranger qui puisse amener une confusion.

Le bordereau est rédigé au moyen d'une analyse des prix établis par le chef du service, lequel doit se procurer tous les renseignements nécessaires sur la nature et sur la qualité des matériaux que l'on emploie dans la localité, sur leur valeur, et sur celle de leur mise en œuvre.

Cette analyse comprend les prix des éléments composant chaque ouvrage, par exemple, pour un mètre cube de maçonnerie de moellons : le prix du moellon, le prix du mortier et le salaire des ouvriers, ce qui fait ressortir un prix total de ..... Le bordereau indique, par *un seul chiffre* le résultat de l'analyse augmenté des faux frais et du bénéfice de l'entrepreneur.

Il est bien évident qu'il doit y avoir concordance entre l'analyse et le bordereau; mais si elle n'existait pas, les prix du bordereau feraient seuls autorité. En effet, l'analyse n'est pas une pièce du marché; en aucun cas, elle ne doit être communiquée à l'entrepreneur lequel, par suite, n'est jamais fondé à soutenir qu'il pourrait s'y trouver des erreurs.

Le bordereau seul fait la loi des parties puisque seul il constitue une pièce de marché.

L'analyse n'est qu'un des éléments du travail préparatoire à l'adjudication qui reste entre les mains de l'Administration et qui sert à justifier aux yeux du directeur et du Ministre les prix du bordereau.

En principe, l'entrepreneur ne peut, sous aucun prétexte, revenir sur les prix qui ont été consentis par lui.

Toutefois, il peut arriver dans certains cas que l'application rigoureuse de cette règle soit absolument contraire à l'équité et au droit.

Supposons, qu'en appliquant les prix du bordereau les plus avantageux pour l'entrepreneur à une certaine nature d'ouvrage, on arrive à un prix notoirement inférieur au prix de revient. De deux choses l'une :

Ou ce fait provient de ce que l'on se trouve en présence

de difficultés qu'il était absolument impossible de prévoir
au moment de la conclusion du contrat, et l'entrepreneur
est fondé à demander une plus-value, en invoquant l'article 1156 du Code civil.

En effet, cet article dispose :

« On doit, dans les conventions, rechercher quelle a été
la commune intention des parties contractantes, plutôt
que de s'arrêter au sens littéral des termes. »

Le Conseil d'État a fait souvent application de ce principe du droit commun en jugeant qu'il y a lieu de revenir
sur les prix primitifs à propos de la nature nouvelle des
déblais et de leurs difficultés imprévues d'extraction.

Ou bien, au contraire, le travail exécuté, quelque oné-
reux qu'il soit pour l'entrepreneur, rentre dans les prévisions du marché, et alors aucune plus-value ne doit lui
être accordée.

Il faut bien admettre, en effet, que si l'entrepreneur
perd sur certains articles, il doit gagner sur d'autres; autrement, il n'aurait pas soumissionné, et si l'Administration
reste dans les conditions normales du contrat, elle n'a pas
à tenir compte à l'entrepreneur des pertes qu'il peut faire
sur certains ouvrages, puisqu'il garde pour lui seul les
bénéfices réalisés sur certains autres.

En définitive, le principe de l'immutabilité des prix du
bordereau domine tous les marchés de travaux militaires.

Nous verrons plus loin cependant que si, en cours d'exécution, les prix subissent une augmentation telle que la
dépense totale des ouvrages restant à exécuter d'après le

devis se trouve augmentée d'une façon importante par rapport aux estimations du projet, il serait équitable d'accorder à l'entrepreneur le droit de demander la résolution de son marché; mais ce serait là une mesure de bienveillance qui ne porterait atteinte, en aucune façon, au principe de l'immutabilité des prix consentis par l'entrepreneur.

SECTION VII.

Cahier des charges spéciales.

On retrouve, dans toutes les espèces de marchés, un même document servant de base au contrat, le cahier des charges spéciales sur lequel il convient de donner quelques indications.

Ces cahiers diffèrent suivant qu'il s'agit d'un marché sur série ou d'un marché sur devis ou à forfait.

Le cahier des charges spéciales contient :

Dans le marché sur séries, l'évaluation approximative et à titre de renseignement, du montant de l'entreprise, le nombre d'années pour lequel le marché est passé, le montant du dépôt de garantie et du cautionnement, et des dispositions particulières concernant la provenance, la qualité, le mode d'emploi des matériaux et le mesurage des ouvrages.

Dans le marché sur devis ou à forfait : le montant de l'entreprise y compris une somme déterminée pour frais imprévus, le délai dans lequel les travaux devront être complètement achevés, les délais d'exécution de chaque partie d'ouvrages, le minimum de l'amende en cas de retard, le montant du dépôt de garantie et du cautionnement, et les indications relatives à la provenance, qualité et mode d'emploi des matériaux.

En cas de lotissement, quelle que soit l'espèce du marché, le cahier des charges spéciales doit donner, en dehors des indications ci-dessus énumérées, la nature et le montant de chaque lot.

SECTION VIII.

Cahier des prescriptions générales. — Devis.

Le cahier des prescriptions générales donne des indications *techniques* sur l'exécution et les dimensions principales des différentes natures d'ouvrages, et sur la manière d'en faire les métrés.

Le devis contient, avec dessins à l'appui, la description sommaire du travail, les conditions particulières générales et techniques relatives à l'exécution, prescrites à l'adjudicataire, en tant que ces diverses indications ne sont pas déjà spécifiées au cahier des charges spéciales ou des prescriptions générales.

Le devis est suivi d'un *détail estimatif* qui comprend outre une évaluation de la dépense générale, une énumération des divers ouvrages avec la quantité totale de chacun

d'eux, le prix à appliquer et la dépense partielle corres
pondante.

Dans les marchés à forfait, ce détail estimatif n'est pas
il faut bien le remarquer, une pièce du marché, il a simplement pour objet d'éclairer le Ministre.

Avant de terminer ce titre, il reste une observation
importante à faire :

Le cahier des clauses et conditions générales si parfait
et si complet qu'il soit ne peut prévoir tous les cas de la
pratique, et l'on comprend qu'il puisse se présenter telle
circonstance où certaines clauses seraient jugées inappli-
cables ou même dangereuses pour les intérêts de l'État.

Certains usages, certaines circonstances locales, certaines conditions de température ou de climat peuvent
imposer des dérogations aux clauses et conditions générales
du marché.

Ces dispositions seront expressément stipulées dans le
cahier des charges spéciales ou dans le devis.

Le cahier des charges spéciales et le devis, pièces du
marché au même titre que le cahier des clauses et conditions générales, sont à la disposition des soumissionnaires
avant l'adjudication, ces derniers par suite auront tout le
temps de se rendre compte des dérogations qui peuvent
être insérées dans ces deux pièces, et leur soumission équi-
vaudra à leur acquiescement à toutes les clauses du marché,
qu'elles soient contenues, soit dans le cahier des clauses et
conditions générales, soit dans les autres pièces du marché.

TITRE II.

FORME DES MARCHÉS.

CHAPITRE I.

MARCHÉ DE GRÉ A GRÉ.

SECTION I.

Cas dans lesquels le marché peut être passé de gré à gré.

L'adjudication publique est la règle, des marchés de gré à gré ne doivent avoir lieu que dans des cas exceptionnels.

Ce principe essentiel de notre droit administratif est consacré par le décret du 18 novembre 1882 qui ne fait que reproduire sur ce point les prescriptions de l'ordonnance du 4 décembre 1836.

Cette règle de l'adjudication publique, c'est-à-dire de la publicité et de la concurrence est-elle d'ordre public, et par suite, son inobservation en dehors des cas prévus par le décret précité, rend-elle le marché nul d'une nullité absolue ou seulement nul d'une nullité relative, qui ne pourrait être invoquée que par l'État dans l'intérêt exclusif duquel elle aurait été établie?

Les deux opinions peuvent être soutenues et la jurisprudence du Conseil d'État les a successivement admises.

Les cas exceptionnels limitativement déterminés dans lesquels on peut passer des marchés de gré à gré sont indiqués pour tous les services de l'État, à l'article 18 du décret précité.

Toutefois, pour les marchés qui nous occupent, ce sont les paragraphes 2 et 10 de cet article qui déterminent les cas dans lesquels il y aura le plus souvent lieu de recourir à cette forme du contrat.

Le marché de travaux militaires sera passé de gré à gré :

Lorsque les circonstances exigeront que les opérations du Gouvernement soient tenues secrètes, ou bien, lorsque dans des cas d'urgence évidente amenée par des circonstances imprévues, les travaux ne pourront pas subir les délais des adjudications.

Il est essentiel d'observer qu'à partir de l'ordre de mobilisation, les dispositions du décret de 1882 cessant d'être obligatoires pour la Guerre, les marchés de gré à gré pourront être employés en toutes circonstances, et toutes les fois que cela sera jugé utile par l'autorité compétente.

A.   3

SECTION II.

Passation du marché.

Les marchés de gré à gré sont passés savoir : dans le service de l'artillerie et des poudres et salpêtres par les conseils d'administration ou d'établissement; dans le service du génie, par les chefs du génie, ce service n'ayant pas de conseil d'administration.

Ces marchés ont lieu, soit sur un engagement souscrit à la suite du cahier des charges, soit sur une soumission souscrite par celui qui propose de traiter, soit par correspondance suivant les usages du commerce.

Quel que soit le mode adopté, le libellé du marché ne comporte aucune formule sacramentelle, il suffit qu'il soit clair et précis.

Toutefois il y a pour ces marchés une prescription essentielle; ils doivent rappeler celui des paragraphes de l'article 18 dont il est fait application.

Les marchés de gré à gré sont subordonnés à l'approbation du Ministre et aux prescriptions du cahier des clauses et conditions générales, lesquelles régissent tous les marchés de travaux militaires, quelle que soit la forme dans laquelle ils ont été passés.

En conséquence, les frais de timbre et d'enregistrement sont à la charge de ceux qui contractent avec l'État, et toutes les garanties de capacité et de solvabilité exigées des entrepreneurs pour les adjudications peuvent l'être égale-lement des titulaires du marché de gré à gré. Dans tous les cas, pour traiter, il faut être Français, ou, si l'on est étranger, avoir une autorisation spéciale du Ministre.

Enfin, toutes les fois que cela est possible, les marchés de gré à gré doivent être précédés d'un appel à la concur-rence sous forme de concours entre les entrepreneurs que l'autorité chargée de passer le marché juge utile d'ap-peler.

Cette prescription du décret du 27 avril 1889, montre toute l'importance que l'État attache et avec raison, à cette concurrence même limitée.

CHAPITRE II.

MARCHÉ PAR ADJUDICATION PUBLIQUE.

SECTION I.

Définition de l'adjudication.

L'adjudication est l'acte par lequel une commission légalement constituée, après avoir fait appel à la *publicité* et à la *concurrence* dans les formes légales, déclare conférer soit au particulier, soit à la société qui fait les offres les plus avantageuses, le droit d'exécuter dans les conditions déterminées, certains travaux au compte de l'État.

L'adjudication est donc essentiellement un marché pour la passation duquel on applique le principe de la publicité et de la concurrence.

Le marché par adjudication publique couvre la responsabilité des administrateurs qui ne peuvent être soupçonnés de collusion avec les entrepreneurs. C'est la sauvegarde de l'intérêt public contre l'improbité ou le favoritisme.

En outre, la publicité et la concurrence permettent d'espérer l'économie pour les finances de l'État. Cependant la concurrence n'est pas illimitée comme pourrait le faire croire la définition que nous venons de donner de l'adjudication. Le premier venu n'est pas admis à y prendre part, et il faut que les candidats présentent des garanties de capacité et de solvabilité que nous déterminerons plus loin.

L'adjudication procure-t-elle en réalité à l'État, par l'effet de la concurrence, toute l'économie à laquelle on est en droit de s'attendre ?

Nous ne le pensons pas, la concurrence est plus apparente que réelle.

Il arrive souvent, en effet, que les concurrents *rassemblés* pour l'adjudication en profitent pour s'entendre aux dépens de l'État. Ils préssentent leurs dispositions réciproques et souvent se coalisent pour écarter la concurrence. Il y a même des entrepreneurs qui ne fréquentent les adjudications que pour se faire acheter leur abstention.

L'article 412 du Code pénal punit, il est vrai, d'un emprisonnement de 15 jours à 3 mois, et d'une amende de 100 à 5,000 francs, ceux qui auraient troublé la liberté des soumissions ou ceux qui, par leurs dons ou promesses, auraient écarté les entrepreneurs.

En outre, l'adjudication ne devenant définitive qu'après l'approbation du Ministre, ce dernier, usant de son pouvoir discrétionnaire, peut annuler une adjudication dans laquelle il y aurait eu collusion des soumissionnaires.

Enfin, on peut prescrire que les soumissions seront envoyées par lettre recommandée au lieu d'être remises directement au président dans la séance d'adjudication.

Ces diverses précautions restent le plus souvent impuissantes, et de l'entente des concurrents il résulte trop fréquemment que tel ou tel soumissionnaire aura toute latitude pour faire les offres qu'il voudra, sans avoir à craindre aucune concurrence.

C'est un mal nécessaire, et les marchés par adjudication publique restent encore malgré tout préférables, dans la majorité des cas, aux marchés de gré à gré, qui prêtent le flanc à bien d'autres critiques.

L'adjudication est une procédure dont les règles sont posées par le décret de 1882, fondamental en la matière, par celui de juin 1888, relatif aux sociétés d'ouvriers français, et par le cahier de 1889.

SECTION II.

Historique.

L'adjudication publique était pratiquée à Rome pour les entreprises importantes, telles que constructions de ponts, d'aqueducs, de temples et d'édifices publics.

Le magistrat représentant l'État, autorisé par un sénatus-consulte, dressait le cahier des charges de l'entreprise, lequel s'appelait *lex*, et faisait indiquer par des affiches la date du jour où il procéderait à l'adjudication.

Au jour fixé, les enchères étaient ouvertes. Ceux qui proposaient des enchères ou des rabais levaient le doigt, et l'entreprise était adjugée à celui qui avait fait les offres les plus avantageuses.

Pour être *manceps*, c'est-à-dire adjudicataire de travaux publics, il fallait donner à l'État des *prædes* cautions et des garanties en immeubles *prædia*. Il fallait aussi que le manceps eût les aptitudes nécessaires pour exécuter les ouvrages.

Il y a plus de vingt siècles que ces règles étaient appliquées à Rome; la loi du progrès, comme nous le verrons, ne les a pas renversées.

Publicité, concurrence, cautionnement et capacité sont les règles essentielles qui régissent aujourd'hui encore nos marchés par adjudication publique.

Le principe de la publicité et de la concurrence était appliqué sous l'ancienne Monarchie française.

Sully avait fait rendre un arrêt, le 26 mai 1604, aux termes duquel était déclaré adjudicataire, celui qui faisait les meilleures conditions à l'extinction des chandelles.

Colbert développant et complétant les règles posées par Sully avait déterminé et réglementé d'une façon claire et précise la procédure des marchés par adjudication publique.

Ce sont les intendants des fortifications qui sur les devis *établis* par les *ingénieurs*, faisaient les publications des travaux, assistaient aux adjudications, en recevaient les rabais et faisaient conclure les marchés dans les formes *accoutumées*.

Il nous a paru intéressant de reproduire ici *in extenso*,

un formulaire donné par Vauban dans un de ses mémoires intitulé « Des devis. »

Ce formulaire donne la physionomie exacte des adjudications publiques à cette époque et met bien en évidence ce principe de publicité et de concurrence qui était toujours appliqué en matière d'adjudications de travaux militaires :

« Nous, N..... après avoir fait publier et afficher dans « toutes les places publiques et ordinaires de la ville de..... « et fait savoir dans tous les lieux circonvoisins que le..... « jour de..... à deux heures de relevée, il serait par nous « procédé, par adjudication au rabais, des ouvrages de terre « et de maçonnerie que Sa Majesté a ordonné être faits « pour la fortification de ladite place, suivant et conformé- « ment aux plans et profils qui en ont été dressés par l'In- « génieur ordinaire de Sa Majesté et aux clauses et condi- « tions portées par le devis dont la teneur suit.

. . . .

« Ledit jour..... deux heures de relevée, s'étant trouvé « en notre hôtel, plusieurs ouvriers, nous leur avons fait « faire lecture à haute voix, du devis ci-dessus qu'ils ont « dit bien entendre, en présence de M. le Gouverneur, « M. le Lieutenant du Roi, MM. les Majors, des Maires et « Echevins de ladite ville, notamment des Sieurs N..... et « N..... Et avons reçu la mise en rabais des ouvrages qui « y sont contenus, lesquels ont été mis à prix par D..... à « la somme de..... monnaie de France pour chaque toise « cube de maçonnerie, et de..... pour la toise cube de terre « rabaissée à l'instant par B..... à la somme de..... pour la

« maçonnerie et la terre à ..... la toise cube, et parce qu'il
« ne s'est trouvé personne pour mettre ces ouvrages à plus
« bas prix, par l'avis desdits, nous en avons remis l'adju-
« dication au ..... du présent mois, heure de ..... et ordonné
« qu'ils seront publiés de nouveau tant par cette ville qu'aux
« lieux circonvoisins.

« Et le ..... heure de ..... sont comparus en notre hôtel,
« plusieurs bourgeois, entrepreneurs et ouvriers de cette
« ville auxquels avons derechef fait faire lecture du devis
« ci-dessus mentionné et des conditions y contenues, que
« tous ont dit bien entendre, sur quoi le dit R..... a requis
« de lui adjuger lesdits ouvrages comme moins disant et
« pour le prix de la dernière mise. Sur quoi, nous avons
« fait allumer plusieurs chandelles pendant le feu des-
« quelles lesdits ouvrages ont été mis au rabais par A.....
« à la somme de ... . pour chaque toise cube de terre
« rabaissée à l'instant par R..... à la somme de ..... et par
« P..... à la somme de ..... et ayant attendu une heure après
« l'extinction des chandelles et ne s'étant trouvé personne
« qui ait fait la condition du Roi meilleure et qui ait mis
« lesdits ouvrages à plus bas prix. Nous..... sous le bon
« plaisir de Sa Majesté et de l'avis des susdits MM. et autres
« témoins ci-devant nommés, les avons adjugé et adjugeons
« au dit P..... pour la somme de ..... pour chaque toise cube
« de maçonnerie, et pour ..... pour celle de terre, le tout
« suivant et conformément aux clauses et conditions des
« plans, profils et devis et de rendre lesdits ouvrages bien
« et dûment faits et parfaits au dire des gens à ce connais-

« sants, dans ..... mois à commencer aujourd'hui, le prix
« desquels ouvrages nous promettons de leur faire payer
« par Sa Majesté à mesure qu'ils s'avanceront. Sera en outre
« ledit P..... obligé à exécution et entretien de la présente
« adjudication comme pour affaire du Roi, et de garantir
« les ouvrages par lui entrepris un an après qu'ils auront
« été reçus par le dit sieur ou autre commis à cet effet.

« Fait et arrêté le ... du mois de ... de l'année ..., etc... »

Sous les règnes de Louis XV et de Louis XVI, ces règlements relatifs à l'adjudication des marchés de travaux militaires, continuèrent à être appliqués.

En 1729, Belidor dans le « modèle d'un devis pour une
« place neuve » s'exprime en ces termes :

« Le devis étant réglé, et partie des fonds assignés, l'in-
« tendant de la province fait publier et afficher dans toutes
« les places de son département, et même dans les pro-
« vinces voisines qu'à tel jour nommé il sera procédé en
« son hôtel et par devant lui à l'adjudication des ouvrages
« à faire pour la construction de la nouvelle place, où
« seront admis tous ceux qui voudront se charger de cette
« entreprise, et faire la condition du Roi la meilleure, en
« donnant bonne et suffisante caution. »

Le jour arrivé, l'intendant accompagné du directeur des
fortifications procédait alors aux formalités de l'adjudication
presque de tout point semblables à celles que Vauban
avaient indiquées.

A deux reprises différentes, on allumait trois feux de
bougies consécutifs et l'adjudication des travaux était faite

à celui des concurrents qui avait mis les ouvrages au plus bas prix au moment de l'extinction des feux.

Toutefois, ces prescriptions n'avaient pas un caractère officiel et aucun texte ne les consacrait.

C'est dans les lois de la Révolution, dans la loi du 10 juillet 1791 qu'il faut surtout chercher les bases de notre législation actuelle sur les adjudications de travaux militaires.

Cette loi d'ailleurs n'est, il faut bien le dire, qu'une codification des règles précédemment en usage.

Le titre IV pose en principe que tous les travaux de construction et d'entretien des fortifications et des bâtiments militaires sont faits par entreprise d'après une adjudication au rabais.

Lorsqu'il y a lieu de passer un marché pour les travaux militaires, le Ministre adresse au commissaire des guerres, l'ordre de procéder à l'adjudication, un état par aperçu des travaux à exécuter pendant la durée du marché et les devis et conditions fournis par les agents militaires.

Le commissaire des guerres fait alors poser dans la place et dans les lieux circonvoisins des affiches indiquant les conditions du marché, le jour et lieu où il sera passé et donnent à tous ceux qui se présentent, connaissance des devis et conditions.

L'adjudication est faite par le commissaire des guerres *publiquement*, en présence des corps administratifs et des agents militaires.

Cette loi resta en vigueur sous l'Empire et sous la Restauration.

Enfin, sous la monarchie de Juillet, une ordonnance rendue le 4 décembre 1836 soumit à des règles uniformes tous les marchés passés au nom de l'État.

Cette ordonnance a été abrogée par le décret du 18 novembre 1882, qui forme notre législation actuelle sur cette matière.

SECTION III.

Travail préparatoire à l'adjudication.

Toute adjudication exige un travail préparatoire, rédigé par le chef du service et soumis au directeur, lequel le transmet au Ministre avec ses observations.

En quoi consiste ce travail préparatoire?

Ce travail consiste dans la rédaction de toutes les pièces du marché accompagnées d'une analyse des prix et d'un mémoire de discussion.

Les pièces du marché seules doivent pouvoir être librement consultées dans le bureau du service par tous les candidats à l'adjudication et pendant toute la durée des publications.

Dès que le travail préparatoire a été approuvé par le Ministre et que l'ordre a été donné au chef du service de mettre les travaux en adjudication, ce dernier fixe, après entente avec le président de la Commission, le lieu, les

jours et heures de la séance d'adjudication et fait procéder immédiatement aux publications nécessaires, non seulement dans la place que les travaux concernent, mais
encore dans les autres places où l'on suppose qu'il peut se
trouver des entrepreneurs disposés à concourir.

Les publications qui consistent en affiches et insertions
dans les journaux de la localité et dans les autres journaux
désignés par le Ministre, sont faites vingt jours au moins
avant le jour fixé pour l'adjudication, sauf les cas d'urgence déterminés par le Ministre.

SECTION IV.

Conditions requises pour prendre part à une adjudication.

Nous avons dit plus haut que la concurrence était limitée dans les adjudications publiques aux candidats qui
présentaient des garanties suffisantes de solvabilité et de
capacité.

Cette double garantie exigée aujourd'hui des adjudicataires de travaux militaires, l'était déjà sous l'ancienne
Monarchie française. Ces lignes d'un mémoire de Vauban
ne peuvent laisser aucun doute à ce sujet.

« On doit encore remarquer, que quand il s'agira de
« passer des marchés pour des ouvrages de fortification
« considérables, il est bon de le faire dans les formes,
« mais non pas de les donner toujours à tous ceux qui se

« présenteront pour les prendre au moindre prix, car il
« faut non seulement examiner si les entrepreneurs ont
« assez *de biens* pour répondre aux avances qu'on sera
« obligé de leur faire; mais encore s'ils *ont assez de capa-*
« *cité* pour pouvoir s'acquitter de l'entreprise...... »

A ces deux conditions principales, il faut en ajouter
d'autres qui pour être accessoires n'en sont pas moins
nécessaires et dont nous allons parler avant d'étudier la
capacité et la solvabilité.

Pour prendre part à une adjudication, il faut en principe être Français. Cependant un étranger, à la condition
qu'il soit domicilié en France, peut être admis à concourir; mais il lui faut une autorisation spéciale du
Ministre de la Guerre.

Comment le candidat fera-t-il la preuve de sa qualité
de Français?

La Commission d'adjudication peut admettre, dit le
cahier de 1889, tout document authentique, pourvu qu'il
établisse d'une manière incontestable à ses yeux que le
candidat est bien Français.

Il y a là une grande latitude laissée à la Commission,
et il est permis de se demander, surtout quand il s'agit
de travaux intéressant la défense nationale, s'il ne serait
pas plus prudent de déterminer limitativement les pièces
qui doivent être considérées comme établissant d'une
façon certaine la nationalité des candidats.

Il ne suffit pas d'être Français pour être admis à concourir, il faut de plus que tout concurrent produise un

extrait de son casier judiciaire constatant qu'il n'est ni en état de faillite, ni en état de liquidation judiciaire.

Ce n'est pas là, il faut le remarquer, une condition de solvabilité; on peut être en faillite ou en liquidation judiciaire et être très solvable; la nécessité de produire cette pièce est, au point de vue juridique, une conséquence toute naturelle de ce fait que le contrat à intervenir devant être entièrement passé *intuitu personnæ*, l'État ne peut admettre l'intervention soit d'un syndic, soit d'un liquidateur judiciaire.

Il faut ajouter aussi que la faillite ou la liquidation judiciaire doit faire douter de la capacité du failli ou du liquidé judiciaire dans la gestion de ses affaires, et nous allons voir que la capacité est une condition essentielle à la formation du contrat.

Les mineurs, les interdits et les majeurs pourvus d'un conseil judiciaire sont-ils admis à concourir?

Le cahier de 1889 ne dit rien à ce sujet. Les principes généraux conduisent à la négative;

En effet, d'une part, aux termes de l'article 1124 du Code civil, les mineurs et les interdits sont juridiquement incapables de contracter, et d'autre part, les majeurs pourvus d'un conseil judiciaire (art. 499 et 513 du Code civil) ne pouvant accomplir les différents actes nécessaires à l'adjudication qu'avec l'assistance de leurs conseils, et le marché, ainsi que nous venons de le dire, étant essentiellement un contrat personnel, le conseil judiciaire ne peut y participer à aucun titre.

Bien qu'aucun doute ne soit possible sur la solution que nous venons d'indiquer, il eût été préférable que notre cahier des clauses et conditions générales contînt une mention analogue à celle du cahier Belge qui dispose, art. 5 :

« Sont exclus du concours d'adjudication les personnes « que la loi déclare inhabiles à contracter. »

Il n'y a pas que les particuliers qui soient admis à prendre part aux adjudications.

Les sociétés ayant leur siège social en France, et organisées conformément aux lois françaises, peuvent être déclarées adjudicataires, mais à la condition expresse d'avoir obtenu préalablement du directeur, dans les formes que nous déterminerons, un certificat d'acceptation.

En outre, ces sociétés doivent satisfaire à certaines conditions qui diffèrent suivant qu'elles sont en nom collectif ou anonymes.

Les pièces à produire et les règles à suivre sont indiquées dans le cahier de 1889.

Toutefois, il est à remarquer que, pour les sociétés anonymes, on n'exige pas des personnes qui ont qualité pour traiter au nom de la société, qu'elles fassent la preuve de leur qualité de françaises ou qu'elles soient autorisées par le Ministre. C'est évidemment là une omission.

L'Administration ne peut contracter, quand il s'agit d'un marché de la Guerre, avec des étrangers qui ne seraient pas spécialement autorisés par le Ministre, ou avec des

Français dont la nationalité ne serait pas dûment constatée.

Les sociétés d'ouvriers français peuvent également être
admises à soumissionner dans les conditions fixées par le
décret du 4 juin 1888, *quand le Ministre a autorisé leur
admission à concourir;* mais pour ces sociétés, les certificats d'acceptation doivent être produits pour chacun des
gérants, administrateurs ou autres associés spécialement
délégués pour représenter la société.

SECTION V.

Conditions de capacité.

Tout candidat doit produire un certificat d'admission à
concourir délivré par le directeur.

Dans quelles conditions ce certificat est-il délivré?

Le candidat est tenu de joindre à la demande d'admission à concourir qu'il doit adresser au chef du service, un
certificat de capacité délivré par un homme de l'art.

Ce certificat ne doit pas avoir plus de trois ans de date
au moment de l'adjudication, et il doit constater de quelle
manière le requérant a rempli ses obligations soit envers
l'Administration, soit envers les tiers, soit envers les
ouvriers, dans les travaux qu'il a exécutés, surveillés ou
suivis.

C'est sur le vu de ce certificat et d'après les renseigne-

A.   4

ments qu'il recueille sur le candidat, que le directeur *délivre* ou *refuse* le certificat d'acceptation.

Ces prescriptions relatives à la capacité du candidat ont leur origine dans les règlements de l'ancien régime.

L'ingénieur ne devait admettre aux enchères que des entrepreneurs dont il avait reconnu la capacité.

« Là où l'homme habile s'enrichit, disait Colbert, l'i-« gnorant cherche à tromper et se ruine ».

Il n'est pas sans intérêt de remarquer que la loi du 10 juillet 1791 qui stipule (titre VI, art. 9), que nul ne pourra être déclaré adjudicataire s'il ne justifie de sa solvabilité, est muette sur la question de capacité. Il faut admettre que cette loi entendait sans doute se référer aux anciens usages sur ce point.

Nous avons dit que le certificat de capacité était délivré par un homme de l'art; mais il faut bien remarquer que ce dernier, quand même il serait fonctionnaire, n'est tenu que moralement de le délivrer. Le refus de ce certificat aussi bien que les termes employés pour sa rédaction, ne peuvent faire, en aucun cas, l'objet d'un recours contentieux de la part du requérant.

Le directeur *délivre* ou *refuse* le certificat d'acceptation : il jouit donc à cet égard d'un pouvoir *discrétionnaire*. Il apprécie *souverainement* la valeur des certificats de capacité et des renseignements recueillis, et ne relève absolument que de sa conscience pour admettre à l'adjudication ou en écarter tout candidat.

La décision du directeur, *acte d'autorité*, n'est pas, suivant les principes, susceptible du recours contentieux ordinaire, elle ne paraît même pas attaquable par le recours pour excès de pouvoir devant le Conseil d'État, car les actes d'autorité discrétionnaires échappent en général à ce recours.

Un recours hiérarchique au Ministre est donc le seul qui soit ouvert au candidat évincé.

Le cahier des clauses et conditions générales du service des ponts et chaussées, du 16 février 1892, dispose (art. 3), que les certificats de capacité sont simplement visés à *titre de communication*, par l'ingénieur en chef. Ce dernier n'a donc pas qualité, comme le directeur, pour accorder ou refuser *souverainement* au candidat à l'adjudication, l'autorisation de concourir.

Pourquoi cette divergence entre le cahier du ministère des Travaux publics et celui du ministère de la Guerre?

Le directeur et l'ingénieur en chef ne sont-ils pas deux fonctionnaires qui ont en général les mêmes attributions au point de vue administratif; pourquoi accorder au premier un pouvoir discrétionnaire qu'on refuse au second?

D'ailleurs, n'est-il pas rationnel, ainsi que cela se fait dans le service des ponts et chaussées, de laisser à la Commission d'adjudication, l'appréciation de la valeur des certificats de capacité et des renseignements de toutes sortes recueillis sur le soumissionnaire.

Cette Commission constitue un véritable *tribunal administratif* temporaire qui a compétence pour résoudre toutes les difficultés qui peuvent survenir pendant l'adjudication.

Il examine et vérifie la régularité de toutes les pièces et prononce l'exclusion des candidats dont le dossier serait incomplet ou irrégulier. Sous la réserve de l'approbation ministérielle, il proclame l'adjudication, pourquoi ne serait-il pas juge *souverain* de la capacité du candidat?

Il est bien évident qu'en fait, c'est l'opinion du membre technique, c'est-à-dire du chef de service qui prévaudra; mais la décision sera rendue par un tribunal. Au lieu d'être un acte d'administration, ce sera un véritable jugement. C'est une satisfaction et une garantie morale pour les candidats, et cela ne peut avoir aucun inconvénient au point de vue des intérêts de l'État.

Dans l'hypothèse où la Commission d'adjudication admettrait une soumissionnaire malgré l'opposition du chef du service, il suffirait que ce dernier exigeât la mention de son opposition dans le procès-verbal pour que le Ministre n'approuve pas l'adjudication.

La condition de capacité existe en Italie. Les personnes désireuses de prendre part à l'adjudication doivent fournir une attestation signée du préfet ou du sous-préfet portant une date antérieure de six mois au plus à celle de l'adjudication et déclarant que le candidat a donné des preuves suffisantes d'habileté et d'expérience dans des travaux analogues.

Cette attestation indique sommairement quels sont les travaux déjà exécutés ou dirigés par le candidat, et doit être présentée au directeur du génie au moins quatre jours avant l'adjudication.

Nous n'avons rien à dire à cette manière de faire laquelle, jusqu'à présent ressemble beaucoup à la nôtre ; mais lorsque le candidat ne peut établir sa capacité de la manière ci-dessus indiquée, il peut présenter à sa place une personne réunissant les garanties techniques exigées, et à laquelle il s'engage de confier la direction des travaux.

Conclusion : en Italie, un simple bailleur de fonds n'ayant jamais été entrepreneur, et ne possédant aucune expérience des travaux ni aucune connaissance technique, peut devenir adjudicataire de travaux militaires.

Nous n'insistons pas sur les graves inconvénients que peut entraîner pour l'État cette législation notoirement inférieure à la nôtre sur ce point.

Les conditions ne sont pas meilleures en Belgique : l'État se réserve bien le droit d'exclure de l'adjudication les entrepreneurs qui se seraient rendus *volontairement coupables* de fraude, de retards ou de malfaçons dans l'exécution de travaux publics; mais aucun certificat de capacité n'est exigé du soumissionnaire, lequel, par suite, peut n'avoir jamais fait la moindre entreprise, et être, de même qu'en Italie d'ailleurs, un simple spéculateur.

SECTION VI.

Conditions de solvabilité. — Cautionnement.

Quelles sont les conditions de solvabilité auxquelles doivent satisfaire les soumissionnaires ou adjudicataires?

L'article 4 du décret de 1882, répond :

Les cahiers des charges déterminent l'importance des garanties pécuniaires à produire par les soumissionnaires, à titre de cautionnement provisoire pour être admis aux adjudications, par les adjudicataires, à titre de cautionnements définitifs pour répondre de leurs engagements.

Les cahiers des charges déterminent les autres garanties, telles que cautions personnelles et solidaires, affectations hypothécaires, etc..., qui peuvent être exceptionnellement demandées aux entrepreneurs pour assurer l'exécution de leurs engagements. Ils déterminent l'action que l'Administration peut exercer sur ces garanties.

Il existe donc deux espèces principales de cautionnements.

Un cautionnement provisoire ou dépôt de garantie pour les soumissionnaires.

Un cautionnement définitif pour les adjudicataires.

Le cautionnement provisoire ou définitif, ainsi que le stipule l'article 3 du cahier de 1889 n'est pas obligatoire. Dans les cas où il est exigé, le cahier des charges spéciales en détermine la nature et le montant.

Toutefois, aux termes du décret du 4 juin 1888, les sociétés d'ouvriers français ne sont tenues de déposer le cautionnement provisoire ou définitif que pour les marchés supérieurs à 50,000 francs.

Quant aux cautions personnelles et solidaires, il n'en est plus question dans le cahier de 1889.

Ces cautions en vigueur dans les cahiers des charges antérieures avaient soulevé de nombreuses critiques.

La caution personnelle était gênante pour l'entrepreneur, et était la source de sérieuses difficultés dans le cas où elle était substituée au lieu et place de l'entrepreneur pour l'exécution des travaux. Le cautionnement matériel est suffisant et bien préférable.

Toutefois, il est à noter que le cahier des charges spéciales peut rétablir la caution pour une entreprise déterminée, bien que le cahier de 1889 ne la stipule pas.

En effet, le décret de 1882 s'applique à tous les marchés de l'État, il prévoit expressément parmi les garanties de solvabilité pouvant être exigées, la caution personnelle et solidaire, les dispositions de ce décret ne peuvent être abrogées par le cahier des clauses et conditions générales qui n'a que la valeur d'une simple décision ministérielle.

Examinons maintenant quel est le rôle de chacun des deux cautionnements, provisoire et définitif.

Le cautionnement provisoire n'est destiné qu'à garantir le versement du cautionnement définitif.

En effet, d'une part, l'article 2 du décret de 1882 dispose :

Sont acquis à l'État les cautionnements provisoires des soumissionnaires déclarés adjudicataires qui ne réalisent pas le cautionnement définitif dans le délai fixé par le cahier des charges; et, d'autre part, le cahier de 1889 stipule que la Caisse des dépôts et consignations restitue les dépôts de garantie aux adjudicataires aussitôt après la réalisation de leur cautionnement définitif.

Le cautionnement définitif a pour objet de garantir d'une façon générale l'exécution par l'entrepreneur de toutes les obligations de son marché.

L'État a sur les valeurs déposées un droit de gage qui lui permet, par application de l'article 2073 du Code civil, de se faire payer sur ce cautionnement les sommes qui lui sont dues par privilège et préférence aux autres créanciers de l'entrepreneur. Nous verrons toutefois que d'autres créanciers de l'entrepreneur ont sur ce cautionnement un privilège de second rang.

D'ailleurs, ni l'un ni l'autre de ces deux cautionnements ne constitue un dédit. Une fois la soumission déposée, le soumissionnaire est lié conditionnellement envers l'État et ne pourrait se retirer jusqu'au prononcé de l'adjudication, même en abandonnant son dépôt de garantie.

Une fois le contrat parfait, c'est-à-dire après l'approbation ministérielle, l'adjudicataire est lié *irrévocablement* et l'abandon de son cautionnement définitif n'empêcherait pas l'État de poursuivre contre lui, par toutes voies de droit, l'exécution du contrat.

Lorsque l'entrepreneur a rempli toutes ses obligations, lorsque le contrat principal a pris fin d'une façon définitive par la réception des travaux, le cautionnement, contrat accessoire, n'a plus de raison d'être, il devrait être éteint par voie de conséquence. Il n'en est pas ainsi en matière de travaux militaires.

Une fois les travaux terminés et reçus, le cautionnement reste encore affecté pendant un an à la garantie des engagements contractés par l'entrepreneur envers l'État ou envers les tiers dans l'ordre des privilèges reconnus par la loi. Il est rationnel en effet que le cautionnement soit conservé jusqu'à l'expiration de ce délai de garantie lequel peut même, dans certains cas, être stipulé supérieur à un an.

L'État n'a pas seul un privilège sur le cautionnement; son privilège a, il est vrai, le premier rang, mais il existe aussi un privilège de second rang au profit des ouvriers, fournisseurs, sous-traitants, préposés ou agents de l'entreprise sur les sommes dues par l'État à l'entrepreneur ainsi que sur son cautionnement.

Ce privilège valable après celui de l'État, a été établi par le décret du 26 pluviôse an II, par les décrets des 13 juin et 12 décembre 1806, et par la loi du 25 juillet 1891.

Les tiers qui, en dehors de ceux ci-dessus limitativement désignés, seraient devenus créanciers de l'entrepreneur même à *raison de l'entreprise,* les bailleurs de fonds par exemple n'auraient aucun privilège sur le cautionnement ni sur les sommes dues à l'entrepreneur par l'État. En effet, en matière de privilèges, tout est de droit étroit, et l'on ne peut ajouter aucun terme à la nomenclature donnée par les lois et décrets précités.

Or, le cahier de 1889 dispose :

Le cautionnement est affecté par *privilège* à la garantie des intérêts de l'État, secondairement à celles des *tiers* qui deviendraient créanciers de l'entrepreneur à *raison de son entreprise.*

Cette clause est donc trop large, à moins qu'on entende par *tiers créanciers,* à raison de l'entreprise précisément, les fournisseurs, ouvriers et sous-traitants.

En cas de contestation judiciaire stipule le cahier de 1889, le cautionnement est conservé jusqu'au règlement définitif du litige par la juridiction compétente.

Si l'État est demandeur, cette clause peut avoir sa raison d'être, et encore ne devrait-il s'agir ici que d'une retenue égale à la somme demandée par l'État et à fixer par la juridiction compétente.

Mais si, au contraire, c'est l'entrepreneur qui est demandeur, nous ne comprenons plus la portée de cette clause.

L'État, dans cette hypothèse, ne peut avoir à craindre l'insolvabilité de l'entrepreneur et, cette retenue du cautionnement n'est qu'un moyen de forcer ce dernier à abandonner ses réclamations par la menace qui lui est faite d'immobiliser jusqu'au règlement du litige un capital qui peut être considérable.

Le Ministre de la Guerre est-il tenu d'approuver le marché dans un délai déterminé?

L'article 5 du cahier des ponts et chaussées admet que si l'approbation du marché n'a pas été notifiée à l'adjudicataire dans *un délai de 30 jours* à partir de la date du procès-verbal d'adjudication, l'adjudicataire est libre de renoncer à l'entreprise et il lui est donné mainlevée de son cautionnement.

L'article 12 du cahier des conditions générales belges dispose :

« L'adjudication ne sera définitive qu'après avoir reçu
« l'approbation du Ministre de la Guerre qui se réserve le
« droit de n'y donner aucune suite, d'en ordonner une
« nouvelle ou de prendre telle autre mesure qu'il jugerait
« convenable. Toutefois les soumissionnaires demeureront
« engagés envers l'État sur le pied de leurs soumissions,
« jusqu'à ce qu'une décision ait été prise. Cette décision
« *interviendra* dans un *délai de vingt jours au plus tard*,
« après la séance d'adjudication. »

En Allemagne, les soumissionnaires sont engagés par leurs offres depuis la réception de leur lettre jusqu'à la date fixée par l'autorité chargée d'approuver l'adjudication ; mais ce sur quoi nous attirons spécialement l'attention c'est que le soumissionnaire peut spécifier lui-même dans sa soumission, une date moins éloignée que celle indiquée par l'autorité administrative, jusqu'à laquelle il se reconnaît engagé envers l'État.

Il n'existe aucune clause analogue à celles que nous venons d'indiquer dans le cahier de la Guerre français.

Il faut en conclure que dans les marchés de travaux militaires, l'entrepreneur ne pourra ni renoncer à son marché, ni rentrer en possession de son cautionnement tant qu'il plaira au Ministre de la Guerre de ne pas prendre une décision relativement au marché.

Quel que soit le délai au bout duquel le Ministre notifie à l'entrepreneur son refus, ce dernier ne sera pas fondé à réclamer une indemnité; c'est excessif et inutile.

La nécessité d'introduire dans le cahier de 1889 la clause du cahier des ponts et chaussées, nous parait évidente. Car un délai de 30 jours pour l'approbation du marché, nous semble suffisant et il est équitable qu'au bout de ce temps l'entrepreneur s'il n'est pas adjudicataire, soit en mesure de chercher dans une autre entreprise l'emploi de son temps et de ses capitaux.

Dans le cahier de 1889, il n'est pas question non plus de la restitution du dépôt de garantie aux adjudicataires dont le marché n'aurait pas été approuvé. C'est une lacune à moins que l'on n'ait entendu statuer sur le *de eo quod plerumque fit*, les marchés étant généralement approuvés par le Ministre quand la procédure d'adjudication a été régulière. Encore faudrait-il prévoir le cas, si rare qu'il puisse être, où une adjudication régulière en la forme serait annulée par décision ministérielle.

Le cahier de 1876 admettait que pendant la durée de l'entreprise, le Ministre pourrait autoriser la restitution d'une partie du cautionnement, proportionnelle à la diminution dans l'importance des travaux et à leur état d'avancement.

Cette clause de pure faveur dont l'État pouvait à son gré user ou ne pas user, a été supprimée dans le cahier de

1889 qui stipule (art. 3), que le cautionnement reste affecté pendant un an, après la réception des travaux, à la garantie des engagements contractés par l'entrepreneur.

Cependant la réduction du cautionnement semble s'imposer toutes les fois qu'il ne peut en résulter aucun inconvénient pour les intérêts de l'État.

C'est ce qu'ont pensé les Italiens et les Belges qui prévoient dans leurs contrats la restitution partielle des cautionnements :

En Italie, pour les marchés qui peuvent durer deux ou trois ans, on restitue chaque année à l'entrepreneur, après réception des travaux faits, une partie de son cautionnement proportionnelle au coût des travaux exécutés. En Belgique, le cautionnement en principe n'est restitué à l'entrepreneur que lorsqu'il a satisfait à tous ses engagements; mais le devis et le cahier des charges peut prévoir la restitution partielle des cautionnements de plus de 500 francs.

D'un autre côté, le cahier français de 1889 dispose que « les cautionnements définitifs ne peuvent être restitués « en totalité ou en *partie*, qu'en vertu d'une mainlevée « donnée par le Ministre..... »

Ce texte fait supposer qu'on peut être amené dans une circonstance donnée, à restituer UNE PARTIE du cautionnement. Dans quelle circonstance? Ce ne peut être évidemment qu'en cours d'entreprise et dans les conditions qui étaient stipulées dans le cahier de 1876.

Quoi qu'il en soit, il serait bon d'être fixé sur ce point

et de savoir si le cautionnement reste dans tous les cas et *tout entier* affecté à la garantie de l'État, pendant les délais stipulés à l'article 3 du cahier de 1889, ou bien s'il peut être partiellement restitué au fur et à mesure de l'avancement des travaux.

Les cautionnements provisoires ou définitifs peuvent être constitués en numéraire ou en valeurs sur l'État français.

Les cautionnements en valeurs pécuniaires, quelle qu'en soit la nature, sont reçus par la Caisse des dépôts et consignations ou par ses préposés, et soumis aux règlements spéciaux à cet établissement.

Le cautionnement ne consiste pas nécessairement en valeurs pécuniaires, l'adjudicataire peut, sur sa demande, être autorisé à constituer un cautionnement en immeubles. L'entrepreneur peut dans ce cas réaliser dans les formes indiquées dans les instructions ministérielles du 17 octobre 1872, l'affectation hypothécaire d'un ou de plusieurs immeubles lui appartenant à la garantie de ses obligations envers l'État.

Toutefois le cautionnement en immeubles n'est définitivement constitué qu'après acceptation du Ministre.

Cette hypothèque au profit de l'État est conventionnelle et doit, par suite, suivant les principes du droit civil, être constituée par acte authentique : on a recours au ministère d'un notaire.

Il faut ajouter qu'en cours d'exécution, l'État se cons-

titue encore un supplément de garantie en faisant sur les
différents acomptes qu'il délivre à l'entrepreneur, soit une
retenue de un sixième, soit une retenue de un douzième
des droits constatés par le chef du service, suivant qu'il
s'agit de travaux ordinaires ou de travaux extraordinaires.

SECTION VII.

Lotissement

Aux termes du décret du 4 juin 1888, les adjudications
doivent autant que possible être divisées en plusieurs lots,
selon l'importance de l'entreprise, et en tenant compte de
la nature des professions intéressées.

Remarquons que le lotissement n'a aucun caractère
obligatoire. L'Administration jouit d'un pouvoir discrétionnaire pour décider, s'il y a lieu ou non d'y recourir, et
aucun recours contentieux ne serait recevable de ce chef.

L'article premier du décret précité recommande deux
sortes de lotissements qui consistent l'un à diviser une
entreprise considérable en plusieurs entreprises juxtapo-
sées, l'autre à répartir entre les diverses professions intéressées l'ensemble des travaux à adjuger.

Le premier genre de lotissement pratiqué sur une grande
échelle dans les services relevant du département des travaux publics est peu employé dans les services de la
Guerre.

Au contraire, le lotissement suivant la nature des pro-

fessions intéressées, peu usité dans le service des ponts et
chaussées peut en général être mis en usage très avantageusement sous tous rapports, pour les travaux militaires
qui se rapprochent de l'architecture civile, tels que ceux
de l'artillerie, des poudres et salpêtres, et du génie pour les
bâtiments militaires.

L'emploi d'un entrepreneur unique, qui était de règle
autrefois dans le service du génie, apporte, il est vrai, une
grande simplification dans la transmission des ordres et
dans la recherche des responsabilités. Mais il arrive presque toujours que l'entrepreneur général sous-traite, avec
ou sans autorisation du chef de service, les différentes parties de son entreprise. Il bénéficie alors de la remise que
les sous-traitants lui abandonnent sur les prix du marché,
et dont l'État aurait pu profiter en traitant directement avec
eux.

En outre, le lotissement peut faire espérer d'avoir
comme adjudicataires des constructeurs généralement plus
capables, surtout infiniment plus compétents, chacun
dans sa partie que l'entrepreneur général, qui ne peut être
universel et qui est le plus souvent un simple bailleur de
fonds.

Le chef du service, plus directement en contact avec les
praticiens de chaque profession, se tient mieux au courant
des progrès dans l'art des constructions, et est bien plus
à même de connaître exactement les prix de chaque nature d'ouvrages.

Ce dernier point est capital, car ce n'est qu'avec la con-

naissance exacte des prix que le chef du service peut arriver à établir des projets qui soient avantageux au point de
vue des intérêts financiers de l'État.

D'ailleurs, au point de vue économique, l'État n'a-t-il
pas le plus grand intérêt à favoriser les petites industries
et à les soustraire aux exigences criantes des brasseurs
d'affaires qui n'apportent le plus souvent dans l'entreprise
que le concours de leurs capitaux dont ils obtiennent une
rémunération absolument exagérée?

A tous égards, il semble donc préférable, surtout quand
il s'agit de constructions de bâtiments : casernes, arsenaux, hôpitaux, poudreries, etc..... et cela malgré le surcroît de travail qui peut en résulter pour le chef du service, de scinder autant que possible les marchés de travaux
militaires par nature d'ouvrages.

Il est bien entendu que l'Administration reste toujours
libre de recourir à un entrepreneur unique pour les constructions d'ouvrages de fortification par exemple et en
général toutes les fois que cela lui parait plus conforme à
la nature des travaux à exécuter.

Rien n'empêche même, et cela pourra être souvent pro-
fitable à la bonne exécution, de grouper dans un même
lot plusieurs genres d'ouvrages qui auraient entre eux
une certaine similitude, par exemple : charpente en fer
et serrurerie; menuiserie et charpente, etc...

L'idée du lotissement n'est pas nouvelle. Le maréchal
de Vauban en était partisan, voilà les raisons qu'il en
donne :

A.   5

« Quand on pourra trouver des entrepreneurs à juste
« prix, solvables et de capacité à pouvoir embrasser une
« entreprise générale, on fera bien de traiter avec eux,
« éclaircissant nettement le détail dans le devis de toutes
« les pièces qui y seront contenues; mais il est très rare de
« trouver des têtes assez fortes pour pouvoir soutenir un
« fardeau aussi pesant qu'est celui d'une entreprise *géné-
« rale,* car la précipitation avec laquelle on fait ordinaire-
« ment les ouvrages et la durée de telles entreprises y
« cause une infinité de contraventions qui l'embrouillent
« et réduisent bien souvent l'entrepreneur à ne savoir plus
« où il est; c'est pourquoi il vaudra mieux s'en tenir aux
« entreprises *particulières* qui peuvent s'achever en peu de
« temps, et de quelque façon que l'on traite, il faudra me-
« surer tous les ans ce qui aura été fait et finir de compte
« avec les entrepreneurs. »

En 1729, Belidor exprimait un avis contraire à celui de
Vauban dans son livre « *La science des ingénieurs :* »

« On demande s'il est plus avantageux de n'avoir à faire
« qu'à un seul entrepreneur général qu'à plusieurs, qui
« seraient chargés de différentes espèces d'ouvrages. L'un
« et l'autre peuvent avoir lieu, comme cela arrive quel-
« quefois; cependant il convient mieux qu'un seul en soit
« chargé et plusieurs raisons semblent autoriser mon sen-
« timent.

« 1° Quand tout est réuni dans la même personne, le
« travail se suit mieux, il survient moins de discussions et
« de faux fuyants.

« 2° Les intérêts du Roi ne périclitent pas tant, et il est
« plus aisé de faire des recherches si le cas y échoit.

« 3° L'entrepreneur général trouve toujours lui-même
« des gens solvables et capables pour sous-traiter avec
« lui..... »

Nous avons cité les avis de ces deux ingénieurs militaires pour montrer que la question du lotissement ne date
pas d'aujourd'hui, et qu'il y avait à cette époque, comme
de nos jours, de bonnes raisons pour et contre.

SECTION VIII.

Séance d'adjudication.

— La Commission d'adjudication, composée du maire,
président, du chef du service et d'un fonctionnaire de l'in-
tendance, étant réunie, le chef du service dépose sur le
bureau toutes les pièces du marché, la liste qu'il a préalablement dressée des candidats français ayant obtenu le
certificat d'acceptation et des étrangers spécialement autorisés par le Ministre.

A cette dernière liste sont jointes toutes les pièces qui
constituent le dossier de chaque candidat et dont nous
avons parlé plus haut.

A l'appel de son nom, chaque candidat remet au président un pli cacheté renfermant la soumission accompa-
gnée, s'il y a lieu, du récépissé de versement du dépôt de
garantie.

Aux termes du décret de 1882, les cahiers des charges spéciales peuvent *autoriser* ou *prescrire* l'envoi des soumissions par lettres recommandées ou leur dépôt dans une boîte à ce destinée; ils fixent le délai pour cet envoi ou ce dépôt.

Le chef du service soumet successivement le dossier de chaque concurrent à la Commission. Ce dossier est vérifié; s'il est jugé irrégulier ou incomplet, le candidat est exclu du concours séance tenante, son dossier lui est remis immédiatement ainsi que son pli cacheté.

Le président ouvre les plis cachetés des concurrents définitivement admis et en donne lecture à haute voix.

Les soumissions irrégulières sont l'objet d'une décision notifiée de vive voix aux intéressés.

Le chef du service dresse alors un tableau des soumissions acceptées et le soumissionnaire qui a fait l'offre d'exécuter les travaux aux conditions les plus avantageuses est déclaré adjudicataire.

Toutefois, le décret du 18 novembre 1882 stipule, article 16 :

« Il peut être fixé pour le cahier des charges un délai
« pour recevoir des offres de rabais sur le prix de l'adjudi-
« cation. Si pendant ce délai qui ne doit pas dépasser vingt
« jours, il est fait une ou plusieurs offres de rabais d'au
« moins 10 0/0, il est procédé à une réadjudication entre
« le premier adjudicataire et l'auteur ou les auteurs des
« offres de rabais, pourvu qu'ils aient, préalablement à
« leurs offres, satisfait aux conditions imposées par le

« cahier des charges pour pouvoir se présenter aux adjudi-
« cations. »

Bien que le cahier de 1889 soit muet sur ce sujet, ces
réadjudications éventuelles constituent pour l'Administration une faculté : mais on ne doit y recourir qu'à titre
exceptionnel et seulement dans des circonstances spéciales
dûment motivées.

Lorsque l'Administration jugera nécessaire d'appliquer
cette mesure, il lui suffira d'insérer dans le cahier des
charges spéciales un article ainsi conçu :

Le délai pour recevoir des offres de rabais sur le prix de
l'adjudication, par application de l'article 16 du décret du
18 novembre 1882, est fixé à vingt jours francs, à dater du
jour fixé pour l'adjudication.

Toutes les décisions de la Commission d'adjudication
rendues en public sont *définitives* et sans *appel*.

La Commission d'adjudication est, nous l'avons dit plus
haut, un tribunal administratif temporaire. Ce tribunal
juge en premier et dernier ressort.

Toutefois, comme il est de principe que toutes les décisions en dernier ressort des tribunaux administratifs qui
ne relèvent pas du Conseil d'État par l'appel, peuvent
toujours être attaquées par le recours en cassation devant
ce même Conseil d'État, la Commission d'adjudication ne
saurait échapper à cette règle, et dans certains cas et pour
des motifs limitativement déterminés, ces décisions peuvent donner ouverture à un recours en cassation devant le
Conseil d'État.

SECTION IX.

Établissement des soumissions. — Naissance du contrat.

Il est établi une soumission distincte pour chacun des lots soumissionnés. Chaque soumission renfermée dans une enveloppe cachetée porte en suscription le nom du soumissionnaire et la désignation du lot.

Chaque soumission faite sur papier timbré ne doit renfermer aucune clause restrictive, résolutoire ou exceptionnelle, il est stipulé un rabais ou une surenchère unique, exprimée par unités ou dixièmes d'unité pour cent, sur l'ensemble du prix.

La soumission est un engagement unilatéral et sous seing privé de se soumettre à toutes les conditions générales et particulières stipulées dans les différentes pièces du marché.

Une fois la soumission remise, le signataire ne peut plus la retirer jusqu'au prononcé de l'adjudication lequel libère tous les soumissionnaires à l'exception des adjudicataires.

Le prononcé de l'adjudication engage donc d'une façon *irrévocable* l'adjudicataire vis-à-vis de l'État, mais le contrat n'est parfait, qu'après approbation du marché par le Ministre.

L'entrepreneur ne peut se pourvoir par la voie contentieuse contre la décision du Ministre et n'a droit à aucune indemnité dans le cas où l'adjudication n'est pas approu-

vée, tout ce qu'il peut faire, c'est d'employer le recours
par la voie gracieuse pour demander le maintien de son
adjudication. Dans le cas où l'adjudication est annulée, le
Ministre ne peut pas substituer un nouvel adjudicataire à
celui qu'il repousse, même en choisissant le plus bas
soumissionnaire. Il faut de toute nécessité procéder à une
réadjudication, car par le fait du prononcé de l'adjudication
les autres soumissionnaires sont déliés vis-à-vis de l'État;
à leur égard le contrat est inexistant, et comme c'est un
contrat solennel, il ne peut être formé à nouveau qu'en
passant par toutes les formalités requises, c'est-à-dire en
procédant à une nouvelle adjudication.

SECTION X.

Prix limites.

Nous avons dit que celui des concurrents qui a fait
l'offre la plus avantageuse est déclaré adjudicataire; mais
cela n'est vrai qu'à la condition que le Ministre n'ait pas
fixé de prix limite.

En effet, le Ministre peut fixer un rabais minimum ou
une surenchère maxima.

Dans ce cas, si aucune offre ne se trouve dans les limites
déterminées à l'avance, il peut être procédé séance tenante
à une nouvelle adjudication entre tous les concurrents
admis à soumissionner.

Il est regrettable que le Ministre ne fixe pas un rabais

maximum au delà duquel toute soumission serait déclarée nulle et non avenue. Ce serait dans bien des cas un moyen d'écarter de l'adjudication des entrepreneurs qui, le plus souvent, ne sont pas en mesure de remplir jusqu'au bout leurs obligations et qui espèrent compenser les pertes auxquelles ils s'exposent en trompant l'administration, sur la qualité des matériaux et la confection des ouvrages.

On objectera que le Ministre peut toujours ne pas approuver le marché si le rabais est trop considérable. Cela en fait arrivera rarement car ce qu'on cherche d'abord au début d'un marché, c'est l'économie immédiate réalisée, et il sera rare que le Ministre se décide à y renoncer.

On lit dans un mémoire du maréchal Vauban intitulé : « *sur les Ouvrages précipités* » ..... « Il faut conclure l'en- « treprise à des conditions raisonnables, sans pousser les « mises au rabais à plus bas prix qu'elles ne doivent être; « parce que si l'entreprise est un peu grosse, et qu'on la « donne à de pauvres gens ou à des ignorants, ils la pren- « dront à tel prix qu'on voudra, dans l'espérance d'en « pouvoir profiter de façon ou d'autre et de subsister tou- « jours aux dépens de l'entreprise; mais outre qu'on n'y « trouvera point de sûreté, quand on viendra à l'exécu- « tion, on doit s'attendre qu'ils tireront parti du profit « autant qu'ils pourront, feront leurs affaires s'ils peuvent, « et mettront tous les ouvrages en confusion, après quoi, « la tête leur tournant, ils donneront du nez en terre, ou « abandonneront tout d'eux-mêmes, si on ne les prévient,

« ce qu'ils seront infailliblement obligés de faire; ce qui
« n'arrive jamais sans causer un redoublement de dé-
« penses, une lenteur insupportable, un grand embarras
« et un décréditement universel des ouvrages, d'où s'en
« suit que ceux qui pourraient être faits pour 30 francs
« la toise, en coûtent ordinairement 40 et 50 francs, que
« ceux qui devraient être achevés en un an, ne le sont
« pas en deux..... D'où l'on peut conclure que rien de si
« pernicieux que ces prétendus bons marchés..... Ceci
« soit dit pour désabuser ceux qui mettent toute leur
« application à faire des marchés au plus bas prix qu'ils
« peuvent sans examiner les suites..... »

Ce qui était vrai du temps de l'éminent ingénieur, l'est
encore de nos jours et l'on ne saurait exprimer avec plus
de force et d'autorité les raisons qui devraient faire rejeter
dans nos adjudications actuelles, les rabais exagérés. Il
n'y a rien de si cher pour l'État que ces prétendus bons
marchés.

Nous n'avons pas examiné le cas où plusieurs concurrents font à la fois l'offre la plus avantageuse. Dans cette
hypothèse, le président leur rend immédiatement leur
soumission et les invite à y consigner de nouvelles offres.

Si ces concurrents se refusent à faire de nouvelles offres,
ou si celles-ci ne diffèrent pas encore entre elles, le sort
en décide.

SECTION XI.

Procès-verbal d'adjudication.

Les différentes opérations de la Commission sont constatées dans un procès-verbal dressé en deux originaux signés avec toutes les pièces du marché, par les membres de la Commission et les adjudicataires.

Aux termes de l'article 1317 du Code civil, est authentique l'acte qui a été reçu par officiers publics ayant le droit d'instrumenter dans le lieu où l'acte a été rédigé et avec les solennités requises.

Cette définition s'applique à la lettre au procès-verbal d'adjudication reçu par le maire, officier public instrumentant dans sa commune, suivant des formalités légales.

C'est donc un acte authentique et qui par suite fait foi jusqu'à inscription de faux à l'égard de toutes personnes, de sa date et des déclarations qui y sont relatées et constatées par l'officier public.

C'est ce procès-verbal qui, joint à toutes les pièces du marché également signées par la Commission et l'adjudicataire, constitue l'*instrument* du contrat. Il est timbré et enregistré après approbation ministérielle de l'adjudication à la diligence du chef du service et reste dans les archives de ce dernier.

Les actes authentiques étant dispensés de la formalité du double original, comme nous venons de dire que le procès-verbal en question était un acte authentique, il semblerait qu'il dût échapper à la règle posée par l'article 1325 du Code civil, applicable aux actes sous seing privé constatant des conventions synallagmatiques.

Il n'en est rien, le procès-verbal d'adjudication doit être rédigé en deux originaux, dit avec raison le cahier de 1889.

En effet, l'objet de l'article 1325 est de créer l'égalité de situation au point de vue de la preuve des deux parties contractantes. Si l'acte est authentique selon le droit commun, la minute en est déposée chez un notaire, et l'on comprend très bien que les deux parties soient dans ces conditions sur le pied de la plus parfaite égalité.

Mais, dans le cas qui nous occupe, l'acte étant déposé dans les archives de l'Administration, et cette dernière étant précisément l'une des parties contractantes, il est de toute nécessité pour rétablir l'égalité, au point de vue de la preuve, que l'autre partie, c'est-à-dire l'entrepreneur, soit en possession d'un original du procès-verbal.

Pour les mêmes raisons que ci-dessus, toutes les autres pièces du marché doivent être rédigées doubles et se trouver entre les mains de l'adjudicataire.

Les droits de timbre et d'enregistrement sont à la charge de l'adjudicataire, les frais de publicité à la charge de l'État.

Dans le cas où le marché est résilié par le fait de l'administration, l'entrepreneur est fondé à réclamer les frais d'adjudication.

L'adjudication est faite suivant une procédure déterminée. La violation des règles de cette procédure donne-
t-elle ouverture à un recours? quelle est la nature de ce
recours, par qui peut-il être intenté?

Ce recours est un recours pour excès de pouvoir formé
devant le Conseil d'État contre la décision du Ministre
approuvant l'adjudication, il ne peut être intenté que par
ceux qui y ont intérêt, c'est-à-dire par tous les soumissionnaires autres que l'adjudicataire.

Cette décision, en effet, est un acte de pure administration soumis à l'observation des formes prescrites par la loi
et qui, par suite, devient attaquable par le recours pour
excès de pouvoir, quand les formes légales ont été violées.

Toutefois, il faut que l'irrégularité commise porte sur
une formalité essentielle, telle que la violation du principe
de la publicité ou de la concurrence.

TITRE III.

REGLES DE FOND ET OBLIGATIONS
RÉSULTANT DES MARCHÉS.

Généralités. — Nous avons indiqué dans le titre précédent les formes dans lesquelles doit être passé le marché de travaux militaires. Le moment est venu d'aborder les règles de fond, d'étudier en détail les obligations réciproques de l'entrepreneur et de l'État qui naissent du contrat, et d'interpréter au moyen du Code civil et des règles spéciales du droit administratif, les conventions qui forment les bases fondamentales de tout marché de travaux de la Guerre.

La source principale de ces conventions se trouve dans le cahier des clauses et conditions générales du 17 juillet 1889.

Toutefois, nous ne suivrons pas les dispositions de ce cahier divisé en titres et articles d'une façon peu méthodique; nous étudierons les obligations tant au regard de l'entrepreneur que de l'État, de la façon suivante :

Dans un premier chapitre, nous considérerons le cas le

plus général où le marché est exécuté en son entier dans les conditions normales.

Nous verrons, dans un deuxième chapitre, les différents changements qu'on peut apporter au marché en cours d'exécution. Dans un troisième chapitre, nous étudierons la rupture du contrat; dans un quatrième, nous exposerons la mise en régie, mesure de coercition prise par l'Administration et intermédiaire entre l'exécution normale du marché et sa rupture. Enfin, dans un cinquième et dernier chapitre, nous étudierons la clause pénale.

Historique. — L'arrêt rendu par le Conseil du roi le 26 mars 1604 sur l'inspiration de Sully et que nous avons déjà rappelé dans le titre II avait eu pour effet de mettre l'ordre dans les travaux de fortification dont la direction avait été jusque-là à peu près complètement abandonnée à l'arbitraire des gouverneurs de provinces; mais cet arrêt qui eut surtout pour effet de réglementer les adjudications et les toisés était muet sur les obligations réciproques de l'entrepreneur et de l'Administration.

Toutefois, l'importance de cet arrêt, duquel on peut dire que date en France le premier essai de réglementation des marchés de travaux militaires, nous engage à en rapporter ici les principales dispositions :

Art. I. — Il est défendu de rien changer ni innover à l'état des ouvrages ordonnés chaque année par le Roi, sinon par permission et ordonnance de Sa Majesté.....

Art. II. — Tous les ouvrages seront donnés, si cela se

peut, à prix fait, selon les formes et solennités accoutumées.....

Nous avons indiqué plus haut ces formes et solennités
qui reposaient sur le principe de la publicité et de la concurrence.

Art. VII. — Les gouverneurs et contrôleurs ne pourront
donner aux entrepreneurs à faire plus de travail que ne
monte l'argent que Sa Majesté aura tous les ans particulièrement ordonné à chaque place.

Art. IX. — Lorsque le travail sera fait et parfait, le con-
trôleur général avec l'ingénieur de la province, ou, en son
absence, le conducteur de ses desseins, se transporteront
sur les places pour toiser et recevoir tous les ouvrages en
présence du gouverneur ou lieutenant général de la province s'ils s'y veulent trouver et, en leur absence, du
gouverneur de la place et de son lieutenant, selon la teneur
des prix faits, selon lesquels et les clauses des marchés sera
ordonné du parfait paiement desdits ouvrages ainsi que de
raison.

Art. XI. — Tous les acquits rapportés par les trésoriers
des fortifications et autres pour le fait des fortifications
seront contrôlés par lesdits contrôleurs généraux, et faute
de se faire, Sa Majesté défend aux gens tenant sa Chambre
des comptes d'y avoir aucun égard.

Colbert avait bien posé quelques principes, en matière
de marchés de travaux militaires :

Ainsi, partisan absolu de la personnalité du contrat, il
défendait les sous-entreprises; il recommandait de n'avoir

qu'un entrepreneur dans chaque place et proscrivait éner-
giquemént les marchés qui, pour diverses natures d'ouvrages, admettaient différents entrepreneurs.

« Ceux qui vous ont porté à faire ces divers marchés,
« écrit-il, ou ont eu beaucoup de confusion dans l'esprit,
« ou ne veulent pas être gens de bien. »

A l'exemple de Colbert, Louvois s'était aussi appliqué à
régler l'administration des fortifications et avait fait rendre
sur ce sujet d'utiles ordonnances.

Mais ni Colbert, ni Louvois n'avaient songé à régler les
rapports de l'Administration avec les entrepreneurs et à
protéger ces derniers contre les prétentions arbitraires des
agents administratifs.

La juridiction des intendants remplaçait nos tribunaux
administratifs et prononçait *souverainement* sur toutes les
contestations qui pouvaient s'élever au sujet de l'exécution
du marché.

C'est le maréchal de Vauban qui, le premier, traça avec
précision les fonctions des intendants relatives aux marchés
de travaux militaires.

« C'est l'intendant, écrit-il, qui, au nom du Roi, doit
« conclure tous les marchés des ouvrages, recevoir les
« toisés et ordonner les paiements de quelque nature qu'ils
« puissent être..... mais il ne doit ordonner du paiement
« des ouvrages que sur le certificat de l'ingénieur. »

C'est également Vauban qui précisa le rôle de l'ingénieur dans les travaux de fortifications et la conduite qu'il
devait tenir vis-à-vis des entrepreneurs.

Dans un remarquable Mémoire : « l'*ingénieur de la place,* » il s'exprime en ces termes :

« L'ingénieur fera tous les ans un livre, où chaque
« article de l'état des ouvrages ordonnés, pour la même
« année aura la feuille en particulier, dans laquelle tous
« les paiements de la dépense seront rapportés en gros
« et en détail, depuis le commencement de son exécution
« jusqu'à la fin, et ce suivant et conformément aux mar-
« chés qui en auront été faits, et aux comptes et toisés
« qui seront arrêtés de temps en temps avec les entre-
« preneurs. »

Et plus loin, dans le même mémoire, à propos de l'exécution des travaux et des toisés :

« Les entrepreneurs n'en commenceront aucun en gros
« ni en détail qu'on ne leur en ait auparavant donné la
« figure et l'étendue au juste, marqué toutes les hauteurs
« et profondeurs et fait un toisé général du contenu,
« desquels on leur donnera copie qu'ils signeront, et
« après qu'ils auront achevé, ils seront mesurés pour la
« seconde fois, et si la quantité qu'on aura trouvée à la
« fin diffère du commencement, on prendra toujours le
« moindre nombre pour le compte du Roi..... »

Nous n'opérons pas différemment aujourd'hui : l'entrepreneur doit se conformer aux croquis d'exécution qui
lui sont remis par le chef du service, et les comptes sont
établis non d'après les quantités d'ouvrages portées au

A.   6

devis, mais bien d'après celles réellement effectuées et mesurées sur place. Ces toisés dont parle Vauban étaient faits par l'ingénieur en présence de l'entrepreneur.

« L'ingénieur ne fera payer personne à compte sur les « ouvrages qu'il ne se soit auparavant bien informé par « un bon toisé, si cela se peut faire, ou non, sans rien « *hazarder pour le Roi.....* »

Nous verrons que nos décomptes provisoires actuels sont établis suivant ces sages principes.

« A l'égard des ouvrages de maçonnerie, on tiendra des « registres et des mémoires exacts, signés réciproquement « de l'ingénieur et de l'entrepreneur, où toutes les épais- « seurs, longueurs et hauteurs de chaque partie seront net- « tement expliquées..... »

Qui ne verrait dans ces lignes l'origine de nos croquis d'attachements?

A la fin de chaque année, l'ingénieur arrêtait toutes les dépenses inscrites sur son livre, et quand il s'agissait de la réception de quelque ouvrage ou d'un décompte définitif on le faisait en présence des lieutenants du Roi et du major de la place, afin que rien ne se fît « dessous la cheminée. »

Enfin, écrit encore Vauban, « il faudra spécifier la quan- « tité des matériaux, la manière de les mettre en œuvre, « ce qui doit être de pierre ou de brique, et ce qui se fera « de moellon, celle des mortiers comme la chaux ou le « sable, etc..... C'est à quoi il faudra être fort circonspect « et ne rien omettre, s'il est possible, car les ouvriers ne

« prétendent *être obligés* qu'à ce qui est *expliqué dans le*
« *devis.* »

On peut considérer ce mémoire, dont nous venons de
relater les passages les plus intéressants, comme une sorte
de cahier des clauses et conditions générales. Mais ces
prescriptions qui s'adressaient aux ingénieurs et aux con-
ducteurs de travaux étaient-elles juridiquement obligatoires pour l'entrepreneur, formaient-elles les bases du
contrat intervenu comme nos cahiers des charges actuels?

Nous ne le pensons pas; les obligations de l'entrepreneur étaient insérées au devis dressé par l'ingénieur
pour chaque entreprise, dans un paragraphe intitulé :
« *Conditions générales,* » mais la rédaction de ce devis était
essentiellement variable d'une entreprise à l'autre, et ne
faisait que s'inspirer des prescriptions de Vauban sans les
reproduire textuellement.

Belidor, membre de l'Académie des sciences, inspecteur
général des mineurs de France, etc..... écrivait, en 1729,
dans un ouvrage intitulé : « *La Science de l'Ingénieur :* »

« Le devis est un mémoire instructif de toutes les parties
« d'un ouvrage qu'on veut construire; il explique l'ordre
« et la conduite du travail, les qualités et façons des ma-
« tériaux et généralement tout ce qui a rapport à la cons-
« truction et à la perfection de l'ouvrage.

« Ses qualités principales sont que toutes les matières
« soient mises dans un bel ordre....., ne laissant aucune
« équivoque qui puisse donner lieu, dans la suite, à

« des contestations avec les entrepreneurs..... Quand il est
« revêtu de toutes ces conditions, il sert de guide à l'en-
« trepreneur, aux ouvriers, à l'ingénieur même, parce
« qu'alors il assujettit les uns et les autres à travailler de
« concert..... »

Dans son devis relatif à l'exécution des casernes de
Béthune, Belidor consacre, comme c'était l'usage, un
chapitre aux « Conditions générales. » Citons quelques
extraits de ce chapitre :

« Les entrepreneurs se conformeront aux termes du
« présent devis et ne pourront commencer aucun travail,
« de quelque nature qu'il puisse être, qu'auparavant il
« n'ait été tracé, aligné..... et au cas qu'il se trouve pen-
« dant le cours et après l'achèvement du travail, quelques
« malfaçons de leur part, ils seront tenus de le refaire à
« leurs frais, sans pouvoir prétendre d'être dédommagés;
« tous lesquels ouvrages ne leur seront comptés qu'une
« fois seulement..... »

Les entrepreneurs doivent se fournir de tous les matériaux nécessaires pour l'exécution de l'entreprise; ils doivent employer un nombre d'hommes suffisant; en cas de
retard, « il en sera mis à leurs frais, autant qu'il sera
« jugé nécessaire. »

Ils suivront en tout les ordres et dessins donnés et ne
pourront prétendre à leur entier et parfait paiement qu'a-
près la réception des travaux qu'ils garantiront pendant
un an.

S'il survient quelque ouvrage imprévu, « les entrepre-
« neurs seront obligés de le faire par continuation du prix
« de chaque nature dont ils seront convenus; et si récipro-
« quement on trouvait à propos de changer, retrancher ou
« différer à une autre année quelqu'un de ceux qui sont
« ordonnés, les entrepreneurs ne pourront en prétendre
« *aucun dédommagement*..... et s'il arrive quelques diffi-
« cultés entre les entrepreneurs ou entre eux et leurs
« caulions, comptes et décomptes qui aient rapport
« directement ou indirectement à l'exécution de leurs
« ouvrages, » ils se conformeront *sans appel*, à la *décision
du Directeur des fortifications*.

Ces conditions générales sont suivies de cette recom-
mandation de Belidor qui montre bien l'esprit dans
lequel les conventions étaient passées entre l'entrepreneur
et l'Administration.

Quand on fera des devis, dit-il, il faut *lier* les entrepreneurs autant qu'il est possible, ainsi qu'on vient de
le voir dans les conditions précédentes, afin de prévenir
toutes contestations.

Les clauses et conditions générales des différents marchés manquaient absolument d'uniformité, pourvu que
les entrepreneurs *fussent liés autant que possible*, ainsi
que le conseillait Belidor, cela suffisait.

A l'exemple de Vauban, Belidor trace la conduite que
les ingénieurs doivent tenir avec les entrepreneurs. Il leur
conseille beaucoup de régularité dans la tenue des registres
et dans la prise des attachements. Il ne faut pas « vétiller

sans sujet; » si le bien du service veut que l'entrepreneur s'exécute, il veut aussi que ce dernier trouve, en travaillant bien, de quoi se dédommager de ses frais et de ses peines.

Tous ces conseils étaient évidemment fort sages; mais il n'existait aucune ordonnance, aucun arrêt réglant d'une façon générale et uniforme les droits et obligations respectives de l'entrepreneur et de l'État.

C'est au titre VI de la loi du 10 juillet 1791 qu'il faut encore se référer pour trouver un texte donnant les conditions générales des marchés de travaux militaires.

Aux termes de cette loi, les ouvrages étaient surveillés et dirigés par les agents militaires qui en faisaient les toisés particuliers en présence de l'entrepreneur.

Chaque année, ces toisés particuliers, certifiés par les agents militaires désignés et par l'entrepreneur, étaient réunis en un toisé général signé également par ce dernier, et certifié par l'officier directeur des travaux.

Les paiements n'étaient exigibles que trois mois après l'arrêté, par le commissaire des Guerres, de ce toisé général; mais les entrepreneurs pouvaient recevoir sur le vu de certificats délivrés par les agents militaires, des acomptes proportionnés aux travaux exécutés.

Les entrepreneurs étaient tenus de se conformer strictement aux conditions des devis et marchés, aux croquis d'exécution, aux mesures et aux formes données et, d'une manière générale, à toutes les dispositions prescrites par les officiers.

L'entrepreneur était tenu de payer ses ouvriers au plus tard, toutes les trois semaines, d'après les toisés particuliers des ouvrages, et toutes les semaines, pour le nombre de journées de travail.

Tout le personnel non militaire employé sur les chantiers devait obéissance à l'officier chargé de la direction des travaux.

Tout différend pécuniaire ou autre survenu entre les ouvriers ou employés de l'entreprise, était tout d'abord soumis à cet officier. Si celui-ci ne pouvait arriver à concilier les parties, l'affaire était portée devant les tribunaux civils.

Cette loi de 1791, dont nous venons de donner une analyse très succincte en ce qui concerne les marchés de travaux, servit de base, dans la suite, à la rédaction des différents devis.

Le « devis instructif des travaux de construction dépendant du service du génie, » de messidor an VII, n'admettait qu'un seul entrepreneur et défendait de sous-traiter les travaux de maçonnerie avec faculté de sous-traiter les autres espèces de travaux, sous la responsabilité de l'entrepreneur principal. Ce dernier garantissait les ouvrages pendant un an à dater du jour de la réception, et les paiements lui étaient faits au fur et à mesure de l'avancement des travaux et de la remise des fonds chez le payeur de la Guerre.

Il était, d'ailleurs, tenu de se conformer aux plans,

profils et élévations qui lui étaient donnés, et il ne pouvait s'écarter en rien de tout ce qui lui était ordonné pour l'établissement et la construction des ouvrages.

Le devis de messidor consacrait l'omnipotence des officiers du génie. « Dans tous les cas litigieux, l'entrepre- « neur sera obligé de se conformer à la décision du direc- « teur des fortifications. »

En ce qui concerne les ouvriers, nous y trouvons la clause suivante : « Lorsque les ouvriers du pays et les « voituriers exigeront un prix plus grand que celui fixé « par l'usage des lieux, le commandant du génie invitera « les administrations compétentes, de fixer un prix auquel « ces ouvriers seront tenus de donner leur main-d'œuvre. »

En revanche, les officiers devaient exercer une surveil- lance tutélaire et s'assurer que l'entrepreneur payait régu- lièrement ses ouvriers.

Sous l'Empire, ces différentes prescriptions générales des devis prennent un caractère autoritaire qui est bien dans la note de l'époque. Les chantiers sont alors tout à fait *militarisés*. Voici, par exemple, ce qu'on relève dans le devis de la place d'Alexandrie pour les années 1808, 1809, 1810.

L'entrepreneur et ses employés sont soumis à la disci- pline militaire : « Le commandant du génie pourra « infliger à l'entrepreneur et à tous ses employés, *les* « *peines qu'il jugera convenable,* soit pour infidélité dans « l'exécution des ouvrages, soit pour désobéissance ou « contraventions aux ordres qui lui seront donnés par lui

« ou par les officiers, chefs d'atelier, et ledit entrepre-
« neur ainsi que les commis, sous-traitants et ouvriers
« seront particulièrement soumis à l'autorité militaire des
« officiers du corps impérial du génie..... »

« Toute contestation qui surviendrait sur les ateliers
« pour raison des travaux, salaires d'ouvriers et autres,
« sera *tranchée* par les officiers chefs d'ateliers, sauf le re-
« cours envers le commandant du génie, s'il y a lieu..... »

Nous étions loin, à cette époque, de l'assimilation des
marchés de travaux militaires à des contrats du droit civil,
les droits de puissance publique étaient à leur apogée !

Sous la Restauration, les clauses du devis deviennent un
peu moins rigoureuses.

En ce qui concerne les contestations, nous relevons dans
un devis de 1822 :

« Les officiers du génie interviendront toujours comme
« arbitres dans tous les différends entre l'entrepreneur et
« les ouvriers employés sur les travaux. A l'égard des
« difficultés qui pourraient survenir sur l'exécution des
« articles du devis, ainsi que dans tous les cas litigieux
« entre le chef du génie et l'entrepreneur, à l'occasion de
« son entreprise ou de l'exécution des travaux, celui-ci en
« référera au directeur des fortifications à la décision
« duquel il sera tenu de se conformer, sauf le *recours au*
« *Ministre de la Guerre.* »

Toutefois les conditions générales de tous ces devis
n'étaient pas toujours parfaitement en harmonie avec les
lois existantes; ils étaient en général rédigés avec peu

d'ordre et renfermaient des prescriptions différentes d'une place à l'autre.

Une circulaire du Ministre de la Guerre, du 18 octobre 1823, s'exprimait en ces termes :

« La formation du devis-modèle qui a été imprimé en « l'an VII, et envoyé dans toutes les directions pour être « rendu applicable aux entreprises et aux travaux dépen- « dant du service du génie, a contribué efficacement à « *ramener l'uniformité* dans cette partie essentielle du « service de mon département, et à guider MM. les chefs « du génie dans la rédaction des devis de chaque place, « pour donner successivement à ces devis les perfection- « nements dont ils étaient susceptibles. »

Les résultats avantageux que cette mesure avait pro- curés au point de vue de l'uniformité dont le besoin se faisait sentir, engagèrent le Ministre de la Guerre à com- mencer la publication, en 1823, d'un nouveau devis-modèle plus étendu et plus complet que celui de l'an VII.

Ce nouveau travail élaboré par l'expérience et l'ob- servation, disait la circulaire ministérielle précitée, com- prenait dans une première section, les « conditions géné- rales, » et dans une deuxième, les « conditions particu- lières. »

Cette deuxième section donnait les indications techni- ques relatives à la qualité des matériaux et à la confection des ouvrages.

La première section qui correspondait assez bien à notre

cahier actuel des clauses et conditions générales, se divisait elle-même en cinq chapitres.

Le chapitre I traitait des conditions exigées pour concourir à l'adjudication.

Le chapitre II avait trait aux droits et obligations de l'entrepreneur et de ses agents.

Le chapitre III était relatif aux dispositions préparatoires pour l'ouverture des travaux.

Le chapitre IV concernait l'exécution et la garantie des ouvrages.

Enfin le chapitre V se rapportait au mesurage des ouvrages, à la comptabilité et aux paiements.

Ce rapide aperçu suffit à montrer que le devis-modèle de 1823 embrassait à peu près toutes les matières comprises dans notre cahier de 1889. Il était infiniment plus complet que celui de l'an VII et réalisait sur ce dernier un progrès considérable tant au point de vue de la clarté et de la méthode qu'à celui de l'équité. C'est ce devis-modèle de 1823 qui a été presque textuellement reproduit dans les différents devis établis en 1840 pour la construction des fortifications de Paris.

En somme, le devis-instructif de messidor an VII, avait ramené l'uniformité dans les conventions formant la base des marchés de travaux du génie. Le devis-modèle de 1823, aussi bien d'ailleurs que ceux postérieurs, de 1857 et de 1876, avaient accentué les avantages incontestables de cette uniformité dans un *même service* du département de la Guerre.

:

Le décret du 27 avril 1889 et les cahiers des clauses et conditions générales du 18 juillet de la même année ont soumis tous les services constructeurs de la Guerre à des règles uniformes. Il est à espérer que dans une prochaine et nouvelle étape, une même loi ou un même décret étendra enfin cette uniformité si désirable à tous les départements ministériels en ce qui concerne les règles générales relatives aux marchés de travaux publics exécutés au compte de l'État.

CHAPITRE I.

EXÉCUTION DU MARCHÉ DANS LES CONDITIONS NORMALES.

SECTION I.

Défense de sous-traiter sans autorisation.

Cette clause est une conséquence toute naturelle de ce principe que nous n'avons fait qu'indiquer, à savoir que le marché de travaux militaires est un contrat passé essentiellement *intuitu personæ*.

Ce principe se justifie aisément par les considérations suivantes :

Le marché de travaux militaires dérive du contrat du droit civil, le louage d'ouvrage, lequel est personnel.

En outre, si l'Administration exige des soumissionnaires des conditions déterminées de solvabilité et de capacité, voire même de nationalité, c'est qu'elle entend implicitement que le titulaire du marché ne sera pas libre de céder son entreprise au premier venu qui pourrait ne présenter aucune de ces garanties et qui pourrait être incapable de mener à bonne fin les travaux à exécuter.

S'il en était autrement, toutes les précautions que prend l'Administration préalablement à la conclusion du contrat seraient parfaitement illusoires. Qui empêcherait, par exemple, l'entrepreneur de choisir comme sous-traitant précisément un des soumissionnaires écartés par la Commission d'adjudication pour incapacité ou improbité?

Étant donné que le contrat est essentiellement personnel, il en résulte forcément qu'il ne peut être cédé en totalité ou même en partie sans le consentement exprès de l'Administration.

On peut dire aussi que la défense de sous-traiter n'est qu'une application pure et simple de l'article 1237 du Code civil, lequel dispose que l'obligation de faire ne peut être acquittée par un tiers contre le gré du créancier; l'article 12 du cahier des clauses et conditions générales pourrait être supprimé que la prohibition de sous-traiter n'en existerait pas moins, précisément en vertu de l'article 1237, précité.

Toutefois, la nullité d'un sous-traité passé sans le consentement de l'Administration serait une nullité relative et ne pourrait être invoquée que par l'État dans l'intérêt exclusif duquel elle est établie, et qui a seul qualité pour juger si la substitution d'un entrepreneur à un autre peut compromettre ses intérêts.

L'entrepreneur, dans tous les cas, reste responsable personnellement tant envers l'Administration qu'envers les *ouvriers* et les *tiers*.

Cette clause du cahier de 1889 est parfaitements légale, car aux termes de l'article 1121 du Code civil, on peut stipuler au profit d'un tiers, lorsque telle est la condition d'une stipulation que l'on fait pour soi-même.

D'autre part, cette clause est équitable. En effet, en ce qui concerne les ouvriers, tous ceux qui ont contribué par leur propre labeur, à l'exécution d'un travail d'intérêt collectif et national, doivent avoir les mêmes garanties d'être payés, quelle que soit la personne pour le compte de laquelle ils ont travaillé. Or, si leur débiteur est l'entrepreneur principal, ils ont un *privilège* de second rang, nous l'avons vu, non seulement sur les sommes dues par l'État à l'entrepreneur, mais encore sur son cautionnement. Si, au contraire, leur débiteur est un sous-traitant, ils n'auraient plus contre l'entrepreneur, aux termes du droit commun, que l'action de l'article 1798 du Code civil, et encore jusqu'à concurrence de ce dont l'entrepreneur se trouverait redevable envers le sous-traitant lui-même au moment où l'action est intentée. De sorte que, si le sous-traitant avait été intégralement payé et était devenu insolvable, l'action des ouvriers tomberait dans le vide.

Cette inégalité de situation n'est pas rationnelle, et la stipulation de la garantie personnelle de l'entrepreneur dans tous les cas, laquelle rétablit l'égalité entre tous les ouvriers de travaux militaires, qu'ils aient affaire à l'entrepreneur ou au sous-traitant, est parfaitement équitable.

L'entrepreneur reste aussi responsable envers les *tiers*, cette clause est de toute nécessité. En effet, l'Administration confère à l'entrepreneur, à raison de sa qualité d'entrepreneur de travaux militaires, certains privilèges qui affectent des tiers, par exemple le droit d'occupation temporaire, si on dégageait à leur égard la responsabilité de l'entrepreneur, celle de l'Administration ne serait plus couverte.

L'article 1166 du Code civil stipule que les créanciers peuvent exercer tous les droits et actions de leur débiteur à l'exception de ceux qui sont exclusivement attachés à la personne.

De cet article et de la personnalité du contrat, résulte-t-il que les créanciers de l'entrepreneur ne seraient pas fondés à exercer vis-à-vis de l'État tous les droits et actions de leur débiteur?

Il faut distinguer : si les créanciers de l'entrepreneur pour faire valoir leurs droits ont à discuter avec l'Administration soit au sujet de la réception des ouvrages, soit au sujet des métrés et des attachements, soit au sujet de l'application des prix et des décomptes, on peut admettre que l'État refuse d'avoir affaire à une autre personne qu'à celle avec laquelle il a traité.

Le premier venu pouvant n'avoir ni les capacités ni les aptitudes requises pour discuter des questions techniques, les droits de l'entrepreneur doivent être considérés dans ce cas comme essentiellement attachés à sa personne, et l'article 1166 n'est pas applicable en l'espèce.

Mais s'il s'agit simplement de demander le paiement de travaux régulièrement constatés et faisant l'objet d'un décompte dont on ne conteste pas la régularité, la somme que doit l'État à l'entrepreneur est en tout semblable à la somme qu'un débiteur quelconque doit à son créancier, et alors les droits de l'entrepreneur ne peuvent être considérés comme exclusivement attachés à sa personne. Conséquence, l'article 1166 est applicable, et l'action des créanciers de l'entrepreneur sera recevable dans cette hypothèse.

Le fait de sous-traiter sans le consentement de l'Administration constitue une infraction à l'une des clauses du contrat.

Il existe une sanction pénale à cette infraction, et l'article 12 du cahier de 1889 laisse à l'Administration le choix entre la résiliation pure et simple du marché et la réadjudication aux risques et périls de l'entrepreneur.

Une nouvelle adjudication aux risques et périls de l'entrepreneur est une peine très dure : c'est l'entrepreneur qui paie les excédents de dépenses qui pourraient se produire, sans pouvoir en aucun cas profiter des économies lesquelles restent acquises à l'État; mais on comprend cette sévérité de l'Administration, des travaux d'intérêt collectif ne pouvant être abandonnés à des inconnus ou à des incapables.

L'Administration même, quand elle a autorisé un sous-traité, ne connaît que l'adjudicataire : elle n'a *aucun rapport* avec le sous-traitant; *a fortiori* en est-il de même quand le sous-traité est clandestin.

Mais quelle est la situation du sous-traitant vis-à-vis de l'entrepreneur?

Quelles que soient les difficultés pouvant résulter du

A.   7

contrat intervenu entre l'entrepreneur et le sous-traitant, elles sont de la compétence exclusive des tribunaux de droit commun, et non de celle des Conseils de préfecture, puisque, d'une part, l'État, d'après ce que nous venons de dire, reste complètement étranger au sous-traité, même quand il est passé avec son consentement, et que, d'autre part, aux termes de la loi de pluviôse an VIII, les tribunaux administratifs ne connaissent que des difficultés entre l'entrepreneur et l'État.

Cette dualité de juridiction pour le règlement des contestations qui peuvent s'élever au sujet de l'exécution d'un marché de travaux militaires ne va pas sans quelque difficulté.

Supposons qu'en cours d'instance devant le Conseil de préfecture, l'entrepreneur appelle en garantie son sous-traitant.

D'après ce que nous venons de dire, cette action en garantie devra être portée devant la juridiction civile.

Il pourra alors se produire une contrariété dans les jugements rendus par ces deux juridictions différentes sur un même point du litige. Par exemple, le cas de force majeure pourra être reconnu par la juridiction administrative et écarté par les tribunaux de droit commun.

Cet inconvénient, qui pourrait être grave en certaines circonstances, disparaîtrait si, comme nous le proposons dans le titre V, le contentieux des marchés de travaux militaires était de la compétence exclusive des tribunaux de droit commun.

En Belgique, la défense de sous-traiter est beaucoup plus absolue qu'en France. L'article 20 du cahier des conditions générales dispose en effet :

« L'entrepreneur ne peut sous aucun prétexte, céder à « d'autres personnes en tout ou en partie, l'exécution de « son entreprise.

« Les sous-traitants que l'entrepreneur s'associerait ne « seront point reconnus en cette qualité par le Ministre « de la Guerre. »

Ainsi donc, chez nos voisins, la personnalité du contrat reste entière; aucune cession totale ou partielle de l'entreprise ne peut être faite, même avec l'agrément de l'Administration.

Cette clause doit être en pratique difficilement applicable; mais elle a au moins le mérite d'être conforme aux principes.

En Italie au contraire, de même qu'en France, s'il est interdit en principe à l'entrepreneur de céder à un sous-entrepreneur en tout ou en partie les travaux qu'il a soumissionnés, il peut faire cette cession du moment où il a l'approbation formelle du Ministre de la Guerre.

SECTION II.

Domicile et résidence de l'entrepreneur.

Pour toute la durée de l'entreprise, l'adjudicataire est tenu d'élire domicile à proximité des travaux. Pourquoi cette élection de domicile?

Afin que l'Administration puisse y faire *valablement,* suivant les dispositions de l'article 111 du Code civil, toutes les notifications qui se rattachent à l'entreprise.

A défaut d'élection de domicile par l'entrepreneur, dit l'article 8 du cahier de 1889, les notifications faites à la mairie de la commune où a eu lieu l'adjudication, sont valables.

L'élection de domicile, en droit commun, a encore comme conséquence, conformément aux dispositions de l'article 111, d'attribuer compétence au juge du domicile élu pour connaître des contestations relatives au contrat intervenu; mais, il faut bien le remarquer, il n'en est pas ainsi en matière de travaux militaires, car la compétence du Conseil de préfecture, ainsi que nous le verrons plus loin, est déterminée non par le domicile mais bien par le lieu où les travaux sont exécutés.

Il n'existe pas de prescription expresse relative à la résidence. Cependant l'entrepreneur ne pouvant *s'éloigner des localités* où s'exécutent les travaux qu'après avoir fait

agréer par le chef du service, un représentant capable de
le remplacer, il faut en conclure que la résidence habituelle comme le domicile élu doit être à proximité des
travaux à moins que l'entrepreneur n'ait un mandataire
agréé par l'Administration. Le mandat doit être formel
mais non authentique; il peut être constaté par un simple
acte sous seing privé.

Quelle est la sanction dans le cas où l'entrepreneur
contreviendrait à ces prescriptions?

Aucune pénalité spéciale n'est prévue par le cahier
de 1889, et il faut se référer aux mesures coercitives de
l'article 49, qui prévoit d'une manière générale le cas où
l'entrepreneur ne se conforme pas aux dispositions du
marché.

C'est avec raison qu'on a supprimé dans le cahier de
1889 la clause inutilement rigoureuse du cahier de 1876,
qui interdisait à l'entrepreneur de s'absenter, *même pour
les affaires de son service*, sans l'agrément du chef du
Génie.

Cette dernière disposition a été maintenue dans le
cahier des charges italien, qui dispose article 7 : que l'entrepreneur doit dans le contrat élire domicile légal dans
la ville ou l'endroit où se font les travaux et qu'il ne peut
s'en *absenter* sans l'*autorisation* du chef local du Génie.

D'ailleurs, comme en France, tous les ordres que l'administration devra adresser à l'entreprise pourront être
notifiés à la personne de l'entrepreneur, à ses représen-

tants légaux, ou bien consignés au domicile élu, ou au syndic du lieu.

SECTION III.

Personnel de l'entreprise.

L'entrepreneur ne peut prendre pour commis et chefs d'ateliers que des hommes capables de l'aider et de le remplacer au besoin dans la conduite et le métrage des travaux.

Le chef du service a le droit d'exiger le changement ou le renvoi des agents et ouvriers pour insubordination, incapacité, défaut de probité ou mauvaise conduite habituelle.

L'Administration se réservant la haute direction des travaux, rien de plus naturel qu'elle ait le contrôle du personnel de l'entreprise et qu'elle puisse exiger le renvoi des chantiers de tous ceux qui, par leur incapacité, leur mauvaise volonté ou leur inconduite notoire, pourraient compromettre la bonne exécution des ouvrages.

Cependant ces dispositions n'ont pas une bien grande portée, ce sont de ces prescriptions qui valent ce qu'elles valent, et il est bien évident que le chef du service qui est juge et partie en la circonstance, devra user de son droit avec beaucoup de circonspection et de modération.

Toutefois, si le pouvoir du chef de service en ce qui concerne le renvoi des agents de l'entreprise n'est pas souverain, l'entrepreneur pouvant toujours en appeler au directeur d'abord et au Ministre ensuite, celui du Ministre est absolument discrétionnaire. En renvoyant tel ou tel agent, il fait un acte d'autorité qui échappe à tout recours contentieux, et même au recours pour excès de pouvoir.

Dans tous les cas, l'entrepreneur, dit l'article 11 du cahier de 1889, demeure responsable des fautes et malfaçons commises par ses agents et ouvriers dans la fourniture et l'emploi des matériaux.

Cette clause est inutile puisque aux termes de l'article 1384 du Code civil, les commettants sont responsables du dommage causé par leurs préposés dans les fonctions dans lesquelles ils les ont employés.

De plus, les prescriptions ci-dessus relatives à la *capacité* des agents et ouvriers de l'entreprise sont surérogatoires. Du moment en effet où l'entrepreneur est responsable des fautes et malfaçons, il parait bien inutile et peut-être même dangereux de le forcer à avoir des agents *reconnus capables* par le chef du service.

Les *commis* doivent être de nationalité française. Quant aux ouvriers ou chefs d'ateliers, le chef du service doit en exiger la liste nominative indiquant les professions *ou même la nationalité*.

« Le personnel de l'entreprise est soumis sur les chan-
« tiers à la police des agents de l'Administration.

« L'entrepreneur est tenu d'observer et de faire observer
« les règlements établis par le chef du service pour le bon
« ordre des travaux et la police des chantiers. »

Ces prescriptions de l'article 15 du cahier de 1889 ne sont que la reproduction pure et simple des articles 22 et 23 du titre IV de la loi du 10 juillet 1791 auquel il suffirait largement de se référer.

Il faut même ajouter que ces articles 22 et 23 sont beaucoup plus explicites et ont en tous cas beaucoup plus de force qu'une simple clause du marché.

Malgré les prescriptions formelles des articles 22 et 23 de la loi précitée, ou celles de l'article 15, il faudrait se garder de croire que le chef du service est libre d'établir à sa guise toute espèce de règlement pour le bon ordre des travaux et la police des chantiers.

Il faut bien avoir soin que ces règlements n'imposent à l'entrepreneur aucunes *charges* nouvelles et non stipulées au contrat, autrement ce dernier serait fondé à réclamer à l'Administration des dommages-intérêts. En effet, aux termes de l'article 1163 du Code civil, quelque généraux que soient les termes dans lesquels une convention est conçue, elle ne comprend que les choses sur lesquelles les parties se sont proposé de contracter; or, les parties n'ont pas entendu comprendre dans leurs conventions au moment de la conclusion du contrat, telle mesure de police qui serait ultérieurement prise en cours d'exécution, et qui aurait pour effet de porter un préjudice à l'entrepreneur ou de lui imposer des obligations nouvelles.

L'article 15 du cahier des clauses et conditions générales du 25 novembre 1876, disposait :

« Aucun travail n'a lieu sur les ateliers, les dimanches

« et jours fériés, à moins que, pour cause d'urgence, ou
« pour toute autre circonstance exceptionnelle, le chef du
« Génie ne le prescrive ou ne l'autorise. »

Cet article a été supprimé dans le cahier de 1889. Cependant son maintien, loin d'être contraire aux dispositions
de la loi du 12 juillet 1880, ayant pour objet l'abrogation
de la loi du 18 novembre 1814, s'y rattache expressément
et y trouve même sa justification.

En effet, d'une part, l'article 2, deuxième alinéa de la
loi de 1880, stipule : « Il n'est toutefois porté aucune at-
« teinte à l'article 57 de la loi organique du 18 germinal
« an X. »

Et d'autre part, cet article 57 dispose :

« Le repos de fonctionnaires publics sera fixé au dimanche. »

Or, cette dernière disposition de la loi serait violée si les
entrepreneurs avaient la faculté de travailler le dimanche,
puisque les officiers et agents sous leurs ordres, obligés
de se trouver sur les chantiers pour y surveiller les travaux et y prendre les attachements, seraient ainsi privés
du jour de repos auquel ils ont légalement droit.

La fermeture des chantiers pendant la journée du dimanche, à moins de cas d'urgence dont le chef du service
est le seul juge, est donc la conséquence nécessaire des
lois en vigueur.

Cette situation, d'ailleurs, n'est pas le résultat imprévu
de considérations qui auraient échappé à l'attention du
législateur lors de la discussion de la loi du 12 juillet 1880.

Si, en effet, on se reporte aux documents parlementaires, on constate que la question y a été nettement envisagée.

D'après l'Exposé des motifs, il s'agissait uniquement d'abroger la loi du 18 novembre 1814, qui avait un caractère surtout religieux et qui n'était plus en harmonie ni avec l'état social actuel, ni avec notre régime politique; mais il ne s'agissait nullement de mettre obstacle à un repos hebdomadaire dont personne ne conteste la nécessité.

Cette loi de 1814, qui visait les particuliers, était tombée en désuétude, et l'État se borna à faire respecter le repos du dimanche par les entrepreneurs de travaux publics au moyen de clauses insérées dans le cahier des charges.

Des sénateurs ayant voulu faire introduire dans la nouvelle loi un article additionnel reproduisant à peu près ces clauses du cahier des charges, la proposition fut combattue et finalement repoussée, précisément par la raison que les clauses en question la rendaient superflue.

L'amendement présenté, disait le rapporteur à la tribune du Sénat, est inutile, à cause des clauses qui existent dans tout cahier des charges de travaux publics.

Or, ces clauses, qui existaient bien en effet dans le cahier de 1876, dont nous avons rappelé l'article 45, n'existent plus dans le cahier de 1889.

Il est donc de toute nécessité d'introduire à nouveau dans notre cahier actuel des clauses et conditions générales, un article relatif au repos du dimanche, article qui a été explicitement visé et en quelque sorte consacré à l'avance par la discussion de la loi du 12 juillet 1880.

En outre, il est à remarquer que si les délégués du gouvernement français à la Conférence de Berlin, ont admis le principe d'un jour de repos par semaine pour les ouvriers, ils ont refusé de se prononcer sur le choix du dimanche.

Dans ces conditions, et en prévision des modifications que pourrait subir ultérieurement l'article 57 de la loi du 18 germinal an X, il conviendrait peut-être de rédiger ainsi l'article à introduire dans le cahier de 1889 :

L'entrepreneur ne pourra pas faire travailler ses ouvriers le jour de chaque semaine qui sera consacré à leur repos et à celui des officiers et agents de l'Administration, conformément aux lois en vigueur.

Il ne faut pas, en effet, oublier ce principe essentiel qu'un cahier des clauses et conditions générales doit, comme son titre l'indique, se borner à poser les règles générales applicables à tous les marchés de travaux publics, et à formuler ces règles en termes assez élastiques pour que les exceptions légales puissent s'y loger au fur et à mesure qu'elles se produisent.

Quelle que soit la rédaction qu'on adopte, quelles que soient les modifications que puisse subir dans l'avenir, l'article 57 de la loi de germinal, le jour de repos hebdomadaire pour les ouvriers et le personnel de l'Administration est commandé par des considérations d'ordre moral et matériel trop puissantes pour qu'il ne soit pas explicitement consacré par un article du cahier des clauses et conditions générales des services de la Guerre, comme il l'est d'ailleurs par l'article 11 du cahier des Ponts et chaussées.

Les militaires peuvent être employés par ordre à l'exécution des travaux.

Ils sont payés directement par l'Administration. L'entrepreneur est tenu de leur fournir le matériel nécessaire aux prix fixés au marché. Il ne peut élever aucune réclamation au sujet de la main-d'œuvre militaire, tant que le montant total de l'entreprise ou les quantités partielles des ouvrages restent dans les limites du marché.

Sous l'empire du cahier du Génie du 25 novembre 1876, ce n'était que dans des cas limitativement déterminés, pour raison d'économie, d'urgence ou de manque de main-d'œuvre civile que le chef du Génie pouvait employer la main-d'œuvre militaire.

Aujourd'hui, quand même l'entrepreneur démontrerait qu'il y a économie pour l'État à employer des ouvriers civils, quand même il s'engagerait à en fournir autant qu'il pourrait lui en être demandé, l'Administration peut se servir d'ouvriers militaires, sans avoir aucune indemnité à donner de ce chef à l'entrepreneur, sous la condition que le montant de l'entreprise ou les quantités partielles des ouvrages restent dans les *limites fixées par le contrat.*

Dans le cas d'un marché sur devis, l'entrepreneur ne pouvant élever aucune réclamation tant que la diminution dans la masse des travaux n'excède pas le sixième du montant de l'entreprise, et tant que les quantités partielles des ouvrages ne diffèrent pas de plus d'un tiers en moins de celles portées au devis (voir articles 37 et 38 du cahier de 1889), nous en concluons que la main-d'œuvre militaire ne pourra être employée que dans ces limites. Mais dans le marché sur série de prix, le montant total de l'entreprise étant indéterminé aussi bien que les quantités partielles des ouvrages, il en résulte que la main-d'œuvre militaire pourra être employée dans des *limites quelconques.*

SECTION IV.

Obligations de l'entrepreneur et de l'État vis-à-vis des ouvriers.

L'entrepreneur est tenu de payer ses ouvriers tous les mois ou à des époques plus rapprochées, si l'Administration le juge nécessaire. Il faut, en effet, pouvoir contraindre l'entrepreneur à payer ses ouvriers non au moment qui peut lui convenir, mais à celui qui sauvegarde le mieux les intérêts de ces derniers.

En cas de retard de plus d'une quinzaine, dit l'article 18 du cahier des clauses et conditions générales, le fait est constaté par une inscription au registre d'ordre.

Quel sera l'effet de cette sanction au regard des ouvriers non payés?

Nul le plus souvent, surtout si l'entrepreneur est insolvable. Or, au point de vue de l'humanité, au point de vue même de la bonne exécution des travaux, il serait dans l'intérêt de l'État d'intervenir d'une façon un peu plus effective.

Il est vrai que les ouvriers, pour leurs salaires, jouissent d'un privilège sur lequel nous reviendrons plus loin et qu'en l'exerçant, ils pourront arriver le plus souvent à se faire payer, mais ne serait-il pas plus rationnel d'adopter, pour l'article 18, les dispositions de l'article correspondant du cahier des Ponts et chaussées, lequel stipule qu'en cas de retard régulièrement constaté, l'Administration se réserve la faculté de faire payer d'*office* les salaires arriérés sur les sommes dues à l'entrepreneur.

L'article 19 du cahier du Génie de 1876 disposait : que le directeur pouvait, sur le rapport du chef du Génie, autoriser celui-ci à faire payer d'*office* tout ou partie des salaires arriérés sur les sommes dues à l'entrepreneur.

Pourquoi avoir abandonné cette rédaction ?

D'ailleurs, l'article unique de la loi du 25 juillet 1891, stipule :

« Les dispositions du décret du 26 pluviôse an II sont « étendues à tous les travaux ayant le caractère des travaux « publics.

« En conséquence, les sommes dues aux entrepreneurs « de ces travaux ne pourront être frappées de saisie-arrêt « ni d'opposition, au préjudice soit des ouvriers auxquels « des salaires sont dus, soit des fournisseurs qui sont « créanciers à raison des fournitures de matériaux et « d'autres objets servant à la construction des ouvrages.

« *Les sommes dues aux ouvriers pour salaires seront*
« *payées de préférence à celles dues aux fournisseurs.* »

Conformément aux prescriptions de ce dernier alinéa,
l'égalité du traitement entre les ouvriers et les fournisseurs
n'existe plus ainsi que cela avait lieu sous l'empire de la
loi de pluviôse an II et des décrets des 13 juin et 12 décembre 1806. Les uns et les autres, par rapport aux autres
catégories de créanciers de l'entreprise, sont bien encore
en possession du privilège institué à leur profit par la loi
de pluviôse et par les décrets précités; mais les ouvriers
pour le paiement de leurs salaires passent avant les fournisseurs, le législateur de 1891 ayant considéré comme
plus précaire et, par suite, plus digne d'intérêt, la condition des premiers.

Il serait bon que l'article 18 du cahier de 1889, relatif au paiement des ouvriers, stipulât non seulement le
paiement d'office par l'Administration des salaires arriérés,
mais encore rappelât les lois des 26 pluviôse an II et
25 juillet 1891, ainsi que les décrets des 12 juin et 12
décembre 1806, de l'ensemble desquels il résulte que les
ouvriers pour leur salaire ont un privilège de second
rang par rapport à l'État mais *passant avant celui des
fournisseurs,* sur les sommes dues par l'État à l'entrepreneur, et sur le cautionnement de ce dernier.

En résumé, nous proposons un nouvel article 18 ainsi
libellé :

L'entrepreneur paie ses ouvriers tous les mois ou à des

époques plus rapprochées si l'Administration le juge nécessaire.

En cas de retard, l'Administration, par application des
lois des 26 pluviôse an II et 25 juillet 1891, et des décrets
des 13 juin et 12 décembre 1806, se réserve la faculté
de faire payer d'*office* les salaires arriérés sur les sommes
dues à l'entrepreneur, et, le cas échéant, sur le cautionnement de ce dernier.

« L'entrepreneur reste seul responsable vis-à-vis des
« ouvriers ou des familles des accidents survenus sur le
« chantier, à moins que l'accident ne soit le résultat d'un
« ordre directement donné aux ouvriers par le représen-
« tant de l'Administration. »

Pour échapper à cette responsabilité, l'entrepreneur
aura le plus souvent contracté une assurance, dont la
prime sera payée en fin de compte par l'État.

Pourquoi, comme dans le service des Ponts et chaussées, ne pas soumettre l'entrepreneur à des retenues destinées au fonctionnement d'un service médical et à l'allocation par l'État de secours aux ouvriers, à leurs veuves
et à leurs enfants?

C'est bien le moins que l'Administration organise elle-
même des secours pour les ouvriers victimes d'accidents
sur ses chantiers.

Il n'est pas admissible qu'elle s'en désintéresse en laissant l'entrepreneur, ou plutôt son assureur, s'acquitter de
cette tâche au grand détriment de l'ouvrier et de sa famille.

Il n'est même plus question, dans le cahier de 1889,

des secours éventuels que le Ministre, sous l'empire du cahier de 1876, pouvait accorder aux ouvriers blessés et à leur famille.

Il est vrai que l'article 19 stipule que les ouvriers civils peuvent être traités dans les hôpitaux militaires, à charge par l'entrepreneur d'acquitter le montant des journées de traitement.

C'est bien pour l'ouvrier lui-même, et encore quand il y aura à proximité un hôpital militaire; mais la question reste entière pour les secours à donner à la veuve et aux enfants; l'Administration de la Guerre ne doit pas agir autrement que celle des Travaux publics. Nous proposons donc de remplacer l'article 19 du cahier de 1889 par l'article 16 du cahier des Ponts et chaussées de 1892, ainsi conçu :

« Pour le fonctionnement du service médical, et l'allo-« cation de secours aux ouvriers atteints de blessures ou de « maladies occasionnées par les travaux, à leurs veuves et « à leurs enfants, l'entrepreneur est soumis aux retenues « et aux autres obligations qui résultent soit de la loi, soit « des décrets et arrêtés ministériels en vigueur au moment « de l'adjudication. »

Il est intéressant de constater avec quels soins minutieux le cahier des charges italien règle tout ce qui est relatif aux accidents survenus aux ouvriers pendant l'exécution de travaux militaires, c'est une raison de plus à ajouter à celles que nous avons données pour se décider à la modif-

A.   8

cation de l'article 19 de notre cahier des clauses et conditions générales.

Sur le montant de chaque acompte, dispose l'article 17
du cahier italien, on retiendra à l'entrepreneur 1 p. 0/0
pour assurer, sous la *surveillance de l'Administration militaire*, des secours aux ouvriers blessés ou malades, à leurs
veuves et à leurs enfants.

L'entreprise devra à tout ouvrier blessé, et en cas de
mort à sa veuve et à ses enfants mineurs, des secours non
inférieurs à ceux qui leur seraient accordés par la Caisse
nationale pour les accidents, en conformité du règlement
approuvé par décret royal du 26 mars 1884, comme si
pour chaque individu on avait contracté une assurance de
1,000 lires en cas de mort ou d'incapacité permanente de
travail. L'entrepreneur devra aux ouvriers un subside
quotidien de 1 lire dans le cas d'incapacité temporaire de
travail, et devra, en outre, payer l'assistance médicale.

« La partie de ces retenues qui reste sans emploi à la fin
« de l'entreprise, est remise à l'entrepreneur. »

Si la gravité du cas exige l'admission de l'ouvrier dans
un hôpital, le subside quotidien ne pourra être inférieur
à la somme quotidiennement nécessaire pour le séjour
dans l'hôpital.

Quand l'entrepreneur manquera aux susdites conditions, l'Administration militaire pourvoiera elle-même au
secours sur la retenue dont il a été question plus haut.
Après quoi ce fonds sera ramené à sa valeur primitive
par des retenues plus considérables.

Nous ne pouvons pas rester inférieurs aux Italiens sur ce point de vue essentiellement humanitaire, et l'intervention de l'Administration de la Guerre s'impose d'une façon absolue et d'une manière beaucoup plus effective qu'elle n'est prévue dans nos règlements en vigueur.

SECTION V.

Exécution des travaux.

Il est un principe essentiel qui domine toute cette matière, c'est que l'Administration se réserve la haute main et la direction complète et immédiate des travaux à quelque point de vue que l'on se place.

Les travaux doivent être commencés et complètement achevés dans les délais prescrits par les ordres du chef du service.

L'entrepreneur est tenu de se conformer strictement aux plans, profils, tracés, ordres de service, et s'il y a lieu, aux types et modèles qui lui sont donnés.

Tous les ordres, les instructions de toute nature à notifier à l'entrepreneur doivent être inscrits par ordre chronologique, sans lacune et sans classification sur un registre *ad hoc* coté et paraphé par le directeur.

Chaque ordre daté et signé par le chef du service ou son délégué est présenté à l'entrepreneur tenu également de le dater et de le signer avec ou sans réserves.

Les prescriptions relatives aux ordres ont pour objet de constituer tant au regard de l'Administration que de l'entrepreneur une preuve écrite que les différents ordres ont bien été donnés conformes aux clauses et conditions du marché, et qu'ils ont été portés à la connaissance de l'intéressé à leurs dates respectives.

Lorsque l'entrepreneur estimant que les prescriptions d'un ordre de service dépassent les obligations de son marché, ne signe le registre d'ordres qu'avec réserves, il doit formuler ses observations par écrit dans un délai de cinq jours à partir de la signature de l'ordre ou de la notification administrative qui lui en a été faite s'il a refusé de le signer.

Passé ces délais, il est réputé avoir accepté l'ordre avec toutes ses conséquences.

Il est bon que le chef du service soit prévenu sinon immédiatement, au moins dans un certain délai, des réclamations que l'entrepreneur croit avoir à formuler afin de pouvoir rectifier au besoin ses ordres de service et que le directeur se trouve ainsi naturellement appelé à intervenir pour résoudre les difficultés qui pourraient s'élever à ce sujet entre le chef du service et l'entrepreneur.

Il convient seulement d'accorder à l'entrepreneur un délai suffisant pour formuler ses réclamations et il semble que le délai de cinq jours est un peu court et pourrait être porté à dix jours comme le stipule l'article 9 du cahier des Ponts et chaussées. Au point de vue des travaux, ce délai de dix jours ne peut présenter aucun inconvénient si l'on a soin d'ajouter que la réclamation ne suspend pas l'exécution de l'ordre à moins qu'il n'en soit autrement ordonné.

L'entrepreneur peut non seulement formuler des observations par écrit, mais encore exiger toutes les constatations qu'il juge nécessaire à la sauvegarde de ses droits.

Ainsi l'entrepreneur peut porter sa réclamation devant le Conseil de préfecture et lui demander un arrêté de référé ou, ce qui serait plus exact, un arrêté de constat.

L'article 24 de la loi du 22 juillet 1889 sur la procédure à suivre devant les Conseils de préfecture dispose en effet :

« En cas d'urgence, le président du Conseil de préfec-
« ture peut, sur la demande des parties, désigner un expert
« pour constater des faits qui seraient de nature à motiver
« une réclamation devant ce Conseil.

« Avis en est immédiatement donné au défendeur éventuel. »

En définitive, les dispositions relatives aux ordres de service ont un double objet :

D'abord, prévenir le chef du service en temps opportun et lui permettre de rectifier son ordre, s'il y a lieu, ainsi que nous venons de le dire, ensuite, établir à date fixe, la preuve que l'entrepreneur a protesté contre l'ordre donné ou qu'il a acquiescé, au moins tacitement, à toutes ses conséquences.

Il est d'ailleurs entendu que si la protestation adressée au chef du service reste sans effet, l'entrepreneur aura son recours successivement devant le Ministre et devant les tribunaux administratifs.

Si l'entrepreneur établit qu'il n'a pu s'apercevoir qu'après exécution que les conditions du marché avaient été transgressées par l'ordre donné, il sera admis à renverser la présomption née de son silence, à savoir : qu'il avait accepté l'ordre avec toutes ses conséquences.

En effet, il n'y a que les présomptions établies par la loi qui ne sont pas susceptibles d'être combattues par la preuve contraire et cela encore dans des conditions limitativement déterminées.

Or, nous avons affaire ici à une présomption établie par une simple convention, et non à une présomption légale.

Donc, la preuve contraire sera admise et la clause que l'entrepreneur est réputé avoir accepté l'ordre avec toutes ses conséquences en ne protestant pas dans les délais fixés, n'aura le plus souvent pour effet que de mettre à la charge de ce dernier la preuve que les conséquences *seules* de l'exécution lui ont démontré que l'ordre était exorbitant des clauses du contrat, preuve qui, le plus souvent, sera très aisée.

D'ailleurs, en vertu des articles 1150 et 1163 du Code civil, la déchéance stipulée dans le cahier de 1889 ne peut s'appliquer qu'aux conséquences *prévues* au moment où l'ordre a été donné. Le Conseil d'État a fait souvent une application de ce principe du droit commun.

Conclusion : ne pas trop compter que l'acceptation des ordres par l'entrepreneur et son acquiescement tacite à toutes leurs conséquences, l'empêche de faire en fin de marché, des procès à l'Administration et de les gagner.

Les prescriptions italiennes relatives aux ordres do services sont beaucoup plus rigoureuses que les nôtres.

Si l'entrepreneur, obligé de se conformer d'une façon absolue aux ordres du directeur des travaux, prétend que ces ordres excèdent les stipulations du contrat, il doit remettre à l'Administration *par écrit*, et dans les *quarente-huit heures*, une protestation motivée.

Si, malgré cette protestation, l'ordre est confirmé par le directeur des travaux, l'entrepreneur doit obéir, quitte à faire valoir ses raisons dans les formes indiquées à l'article relatif aux règlements des contestations.

Dans le cas où l'ordre est renouvelé et où l'entrepreneur ne produit pas ses observations ou réserves dans les cinq jours, il est déchu de tout droit et il est réputé avoir renoncé à élever ultérieurement toute prétention, alors même, stipule expressément le cahier des charges, que l'ordre donné constituerait une *violation du contrat*.

SECTION VI.

Fourniture et emploi des matériaux.

Les matériaux doivent être de la meilleure qualité, être parfaitement travaillés et mis en œuvre conformément aux règles de l'art. Ils ne peuvent être employés qu'après avoir été vérifiés et provisoirement acceptés par le chef du service.

Malgré cette acceptation provisoire et jusqu'à la réception des travaux ils peuvent, en cas de surprise, de mauvaise qualité ou de malfaçon, être rebutés, ils sont alors remplacés par l'entrepreneur.

Si l'entrepreneur et le chef du service ne sont pas d'accord sur la question de savoir si les matériaux répondent ou non aux conditions du marché, ou s'ils ont été bien ou mal employés, il est évident qu'il naîtra de ce conflit un litige qui ne pourra être résolu que par la juridiction compétente, le Conseil de préfecture en l'espèce.

L'entrepreneur est tenu de faire immédiatement, sur l'ordre du chef du service, remplacer les matériaux ou reconstruire les ouvrages dont les dimensions ou les dispositions ne seraient pas conformes aux dessins d'exécution.

Toutefois, si le chef du service reconnaît que les changements faits par l'entrepreneur ne sont pas contraires aux règles de l'art, les nouvelles dispositions peuvent être maintenues; mais alors l'entrepreneur n'a droit à aucune augmentation de prix, à raison des dimensions plus fortes ou de valeur plus considérable que peuvent avoir les matériaux ou les ouvrages. Dans ce cas, les métrages sont basés sur les dimensions prescrites; si au contraire les dimensions sont plus faibles ou la valeur des matériaux moindre, les prix sont réduits en conséquence.

Lorsque le chef du service présume qu'il existe dans les

ouvrages des vices de construction, il peut ordonner, soit en cours d'exécution, soit avant la réception, la démolition et la reconstruction des ouvrages présumés vicieux.

Les dépenses résultant de cette opération sont à la charge de l'entrepreneur lorsque les vices de construction sont constatés et reconnus.

Il existe en Allemagne une disposition tout à fait analogue :

Les travaux doivent être faits conformément à toutes les règles de l'art et répondre aux conditions particulières du cahier des charges et du contrat.

Les travaux que l'officier directeur ne trouverait pas conformes aux conditions imposées doivent être de suite démolis et remplacés par des travaux de la qualité requise. Les frais occasionnés sont à la charge de l'entrepreneur.

Le cahier belge n'est pas moins explicite :

Dans le cas de fraude ou de malfaçon constaté dans les travaux, soit pendant l'exécution, soit au moment de la réception, l'entrepreneur doit, sur l'ordre écrit du commandant du génie, faire démolir ces travaux et les reconstruire entièrement à ses frais.

Si la fraude ou la malfaçon est seulement soupçonnée, l'entrepreneur est tenu également de démolir les ouvrages exécutés et de les reconstruire. Les frais qui en résultent ne sont à sa charge que dans le cas où le soupçon se trouverait justifié

Revenons aux règlements français :

L'ordre de démolir étant un acte d'autorité, ne peut être

annulé par la juridiction administrative : mais il peut donner ouverture à un recours contentieux ordinaire de la part de l'entrepreneur; les tribunaux administratifs saisis auront alors à rechercher si les vices de construction existaient bien, si ces vices étaient imputables à l'Administration ou à l'entrepreneur, et si, par suite, les dépenses résultant de la démolition ordonnée doivent être à la charge de ce dernier.

Les défectuosités des matériaux employés et de leur mise en œuvre pourront être le plus souvent constatées après démolition; mais une fois la reconstruction faite, cela pourra être quelquefois difficile.

Dans les cas douteux, il faudra recourir à une expertise pendant que le vice de construction est apparent. Ce sera une mesure très prudente de la part de l'Administration, si elle veut éviter d'être condamnée à des dommages-intérêts pour démolition indûment ordonnée.

Dans tous les cas, l'entrepreneur devra toujours être requis dans un premier ordre d'assister à une constatation contradictoire. Un second ordre relatera aussi exactement que possible, avec croquis à l'appui si besoin, l'état de l'ouvrage démoli mettant à nu le vice de construction.

L'État se réserve le droit d'employer des matériaux lui appartenant, mais bien entendu avec la restriction que le montant total de l'entreprise ou les quantités partielles des ouvrages resteront dans les limites fixées au marché.

Il est bien évident en effet que l'État ne pourrait pas

enlever *arbitrairement* à l'adjudicataire une partie des travaux sous prétexte d'employer ses matériaux.

En principe, l'Administration est tenue de faire exécuter par l'entrepreneur tous les travaux compris dans le contrat. Elle ne pourrait pas donner à un autre qu'à l'adjudicataire une partie des travaux compris au marché, car en agissant ainsi, elle ne remplirait pas ses engagements et l'entrepreneur serait fondé à demander la résiliation avec dommages et intérêts, par application de l'article 1184 du Code civil.

Au contraire, lorsqu'il est jugé nécessaire d'exécuter des ouvrages, de fournir des matériaux, outils ou machines, d'employer des ouvriers dont le prix ne *figure pas au marché,* l'État peut traiter pour les ouvrages, fournitures ou journées avec *d'autres qu'avec l'entrepreneur.*

Contrairement aux prescriptions de l'article 716 du Code civil, l'État se réserve la propriété des matériaux et des objets d'art de toute nature qui pourraient se trouver dans les terrains lui appartenant, sauf indemnité à l'entrepreneur ou à qui de droit.

La loi du 30 mars 1887, relative à la conservation des monuments et objets d'art ayant un intérêt historique et artistique porte, d'autre part, article 14 :

« Lorsque par suite de fouilles, de travaux ou d'un fait « quelconque on aura découvert des monuments, des « ruines, des inscriptions ou des objets pouvant intéresser « l'archéologie, l'histoire ou l'art, sur des terrains appar-

« tenant à l'État..... le maire de la commune devra assu-
« rer la conservation provisoire des objets découverts et
« aviser immédiatement le préfet du département des me-
« sures qui auront été prises. Le préfet en référera dans
« le plus bref délai au Ministre de l'Instruction publique
« et des Beaux-Arts qui statuera sur les mesures définitives
« à prendre. »

L'Administration militaire devra donc se concerter avec
le maire de la commune dans les cas prévus par la loi du
30 mars 1887, et il conviendra qu'elle fasse connaître, de
son côté, les mesures prises au Ministre de la Guerre qui
avisera son collègue de l'Instruction publique et des Beaux-
Arts.

L'État belge s'attribue la propriété des objets d'art,
d'antiquité, de numismatique, d'histoire naturelle et toutes
autres découvertes dans les démolitions et les fouilles
effectuées pour l'exécution des travaux militaires; mais
contrairement à ce qui se passe en France, aucune indemnité n'est accordée de ce chef ni à l'entrepreneur ni aux
ayants-droit.

SECTION VII.

Pertes et avaries. — Cas de force majeure.

L'entrepreneur est responsable des pertes, avaries ou
dommages occasionnés aux travaux par suite de négligence, retard dans l'exécution, imprévoyance, défaut de
moyens ou fausses manœuvres à lui imputables.

L'entrepreneur néglige de s'approvisionner en temps utile des matériaux nécessaires; son matériel est insuffisant ou en mauvais état. Les terrassements ne sont pas exécutés assez rapidement et entravent le travail de maçonnerie. Les ponts de service sont en nombre insuffisant ou mal construits. Des matériaux sont déposés précisément sur un emplacement où, avant leur emploi, des fouilles doivent être pratiquées.

Voilà autant d'exemples de négligence d'imprévoyance et de fausses manœuvres imputables à l'entrepreneur, et dont lui seul doit être responsable, cela ne peut faire aucun doute.

Quid? dans le cas où les pertes, avaries et dommages causés aux travaux proviennent du fait de l'Administration.

Le cahier de 1889 est muet sur ce sujet. C'est donc aux principes du droit commun qu'il faut se référer.

Or, les articles 1382 et 1384 du Code civil sont applicables et obligent l'Administration à indemniser l'entrepreneur des dommages qui ont pu lui être causés par son fait.

Les cas où l'Administration peut être ainsi rendue responsable des pertes que subit l'entrepreneur, sont très nombreux, et le droit à indemnité de ce dernier a été consacré par nombre d'arrêts du Conseil d'État.

Les cas de force majeure sont réglés conformément au droit commun, dit l'article 39 du cahier de 1889.

Nous avons donc ici encore à rechercher le droit commun pour les cas de force majeure.

Or, l'article 1788 du Code civil stipule que si la chose vient à périr avant d'être livrée, la perte en est pour l'ouvrier dans le cas où ce dernier fournit la matière, ce qui est le cas général des marchés que nous étudions.

Il faudrait donc en conclure que si le travail n'a pas été encore reçu, l'Administration ne devrait, *aux termes du droit commun, aucune indemnité à l'entrepreneur.*

Est-ce bien là ce qu'a voulu dire l'article 30? évidemment non. En effet, ce même article stipule que l'entrepreneur ne peut se prévaloir des cas de force majeure que s'il les a signalés par écrit au chef de service dans un délai de quarante-huit heures après l'événement.

Donc, par argument *à contrario,* toutes les fois que l'entrepreneur aura signalé dans les délais fixés, le cas de force majeure, il pourra s'en prévaloir *contrairement au droit commun.*

D'ailleurs, dans le cas où l'Administration entendrait que l'entrepreneur est tenu des cas de force majeure conformément au droit commun, elle irait précisément à l'encontre de la jurisprudence du Conseil d'État qui est parti de ce principe en matière de travaux publics, que toutes les fois qu'on se trouve en présence d'accidents dus à une force supérieure, à une force à laquelle rien ne peut résister et qu'on ne peut prévoir, l'entrepreneur n'est pas responsable des dommages qui en résultent et a droit à une indemnité.

L'article 30 contient des prescriptions contradictoires, et l'on fera bien d'adopter la rédaction de l'article 28 du cahier des Ponts et chaussées lequel dit bien ce qu'il veut dire et reconnaît l'entrepreneur fondé à réclamer une indemnité quand il a signalé dans un délai de dix jours le cas de force majeure.

Il ne sera même pas mauvais de remplacer le délai de quarante-huit heures de la Guerre, par le délai de dix jours des Ponts et chaussées.

En effet, si le plus souvent, les cas de force majeure doivent être appréciés au moment où ils se produisent, on comprend aussi qu'il faille à l'entrepreneur, dans certaines circonstances, un délai supérieur à quarante-huit heures pour les signaler.

Ce dernier peut être régulièrement éloigné des travaux, et il lui faut le temps moral d'arriver et de se rendre compte par lui-même des conséquences de l'événement qui s'est produit pendant son absence.

Deux questions restent à résoudre :

Qu'entend-on exactement par cas de force majeure, et comment sera calculée l'indemnité à allouer?

Les principes du droit civil seront applicables au calcul de l'indemnité, laquelle sera réglée par expertise en cas de désaccord entre l'entrepreneur et l'État.

Quant aux cas de force majeure, ils peuvent se rattacher à deux causes principales : la nature et le fait de l'homme.

Les cas de force majeure naturels sont : les tremblements de terre, les inondations, les ouragans, les incendies, les maladies épidémiques, etc., tous les événements qui sortent du cours normal des choses, qu'on ne peut prévoir et auxquels on ne peut résister.

Les cas de force majeure du fait de l'homme sont : l'invasion d'une armée ennemie, les mouvements insurrectionnels, les grèves dans certaines circonstances, en général tous les faits auxquels on ne peut s'opposer par des moyens ordinaires.

La force majeure est par elle-même une preuve suffisante qui dispense l'entrepreneur de toute autre preuve.

C'est à l'Administration à répliquer par l'exception de faute d'imprudence ou de négligence, et tant que cette preuve n'aura pas été faite, la force majeure mettra les dommages à sa charge.

CHAPITRE II.

CHANGEMENTS APPORTÉS AU MARCHÉ EN COURS D'EXÉCUTION.

SECTION I.

Changements permis.

L'État peut-il apporter au marché en cours d'exécution tous les changements qu'il jugera nécessaires, quelque considérables qu'ils puissent être? Sera-t-il libre en se retranchant derrière des considérations d'intérêt public, de modifier toutes les bases du contrat?

Il paraît incontestable que l'Administration doive avoir la latitude d'apporter des changements aux travaux en cours d'exécution, quand les circonstances en démontrent la nécessité, mais elle ne peut jamais se dégager de ses obligations vis-à-vis de son contractant par une modification unilatérale autre que celles admises d'avance par le cahier des charges.

L'État personne morale civile est lié, comme le serait un particulier, par les stipulations du contrat intervenu avec l'entrepreneur. S'il en était autrement, ce dernier serait à la merci de l'Administration et l'exécution des

A.   9

conventions du marché serait soumise à une condition purement potestative de la part de l'État, ce qui les rendrait nulles d'une nullité absolue.

Si l'Administration doit avoir le droit d'apporter au projet primitif en cours d'exécution les modifications et améliorations qu'elle juge utiles, ce droit doit résulter des stipulations du cahier des charges, nous venons de le dire, mais même sous ces réserves expresses, il ne peut pas être *illimité* et aller jusqu'à faire disparaître d'une façon complète les dispositions primitivement arrêtées.

En effet, l'entrepreneur dans les marchés sur devis a basé ses calculs, ses chances de gain ou de perte et par suite ses offres, sur les pièces du marché.

Si l'Administration était libre de changer complètement en exécution les dispositions projetées, ces calculs et ces offres ne reposeraient plus sur rien et tomberaient dans le vide.

Les conditions du contrat seraient changées, et il faudrait de nouvelles conventions : par suite, la résiliation du marché s'imposerait. C'est une question de stricte équité et de bonne foi qui doit toujours présider aux contrats, même à ceux passés par l'État.

Aussi le cahier des clauses et conditions générales prévoit-il une série de changements limitativement déterminés. Dans ces limites fixées à l'avance par le marché et acceptées par l'entrepreneur, mais dans ces limites seules, l'Administration reste maîtresse de modifier les plans et les conditions d'exécution.

Dans les marchés sur devis, elle pourra augmenter ou diminuer la masse des travaux et changer l'importance des diverses espèces d'ouvrages.

Dans les marchés sur série, elle pourra évidemment changer les quantités et les proportions des ouvrages, puisque celles-ci sont indéterminées; mais ce qu'il ne faut pas perdre de vue c'est que l'entrepreneur a un droit acquis à exécuter intégralement *tous les travaux* compris dans son marché et l'Administration serait condamnée à des dommages-intérêts tenant compte à l'entrepreneur des bénéfices manqués dans le cas où elle donnerait à un autre entrepreneur l'exécution d'une partie de ses travaux.

L'arrêt du Conseil d'État du 25 mars 1877 — Gérard ne laisse aucun doute à ce sujet.

Le marché dont il s'agit dans cet arrêt était un marché sur série et se rapporte par conséquent bien au cas que nous envisageons.

Pour les marchés à forfait, aucun changement n'étant autorisé dans le cahier des clauses et conditions générales, nous en concluons qu'il faut se reporter au droit commun.

Or, l'article 1793 du Code civil exige au cas de changements au plan arrêté, qu'une nouvelle convention soit passée avec l'entrepreneur.

L'Administration, pour cette espèce de marché, ne pourra donc rien modifier sans le consentement de l'entrepreneur.

Quelles sont les limites exactes du droit de l'Administration en fait de changements?

Comment les travaux non prévus seront-ils payés?

Telles sont les questions que nous allons résoudre dans les sections suivantes.

SECTION II.

Nécessité des ordres écrits.

Tout d'abord, il est un principe essentiel :

L'entrepreneur doit se conformer aux changements qui lui sont prescrits en cours d'exécution, mais à la condition expresse que l'ordre donné soit écrit.

« Les paiements ne sont faits que conformément aux « ordres donnés par écrit, et dans aucun cas, l'entrepreneur « n'est admis à invoquer des ordres verbaux pour réclamer « le paiement des travaux exécutés. »

Telle est la stipulation formelle de l'article 14, *in fine*, du cahier de 1889.

Ainsi donc que l'entrepreneur se souvienne bien que l'Administration ne tiendra compte des changements que dans le cas où il pourra exhiber l'ordre écrit en vertu duquel il les a exécutés. C'est à lui à refuser de faire le travail quel qu'il soit jusqu'à ce que le chef de service lui en ait donné l'ordre écrit. Il doit se montrer sur ce point inflexible; il est vrai qu'il se trouve dans une situation délicate qu'il n'a pas toute sa liberté d'action; mais qu'il ne perde jamais de vue que l'Administration peut, se renfermant dans son droit, n'accorder aux entrepreneurs que ce qu'il leur est dû d'après les conventions du marché qui sont la loi des parties. Par exemple : si le devis porte des moellons similés que l'entrepreneur n'emploie pas de moellons piqués, si une chape d'après le devis doit être en asphalte, que l'entrepreneur ne la fasse pas en ciment, qu'il exige toujours un ordre écrit si minime que puisse être en apparence le changement ordonné, lequel peut se traduire par un excédent de dépenses important.

Cette nécessité des ordres écrits n'est pas spéciale à la France; elle existe tout aussi bien en Allemagne qu'en Italie et en Belgique.

Sans ordre écrit, dit le cahier allemand, l'entrepreneur ne doit entreprendre aucun travail non conforme au contrat ou non spécifié dans le cahier des charges.

De son côté, l'article 28 du cahier italien dispose :

L'entrepreneur ne peut, sous aucun prétexte, excéder dans les travaux, les quantités fixées au contrat, ni changer la qualité ou les dimensions des matériaux, ni s'écarter en aucune façon dans l'exécution des travaux des règles du cahier des charges, sans en avoir reçu l'ordre écrit de la direction du génie.

La sanction de cette prescription est la même en Italie, en France et en Belgique; les travaux exécutés sur ordres verbaux ne sont pas payés à l'entrepreneur.

Lorsque sans en avoir reçu l'ordre écrit, dispose l'article italien, l'entrepreneur a dépassé les limites du contrat, il n'a droit à aucune rémunération de ce chef, les travaux devant être estimés comme s'ils avaient été exécutés conformément aux conditions du contrat.

Et le cahier des conditions générales belge stipule, article 55 :

« L'entrepreneur ne peut réclamer le paiement d'aucune « dépense qui n'aurait pas été prescrite par un *ordre écrit,* « du commandant du génie et qui ne serait pas inscrite dans « le carnet. »

D'ailleurs, quoi de plus rationnel, aussi bien pour l'entrepreneur que pour l'Administration?

La mémoire de l'entrepreneur, aussi bien que celle du chef de service n'est pas infaillible. Ce dernier, d'ailleurs, a pu être remplacé sur les travaux.

Il y a là, pour ainsi dire, une sorte de convention nouvelle passée entre l'entrepreneur et l'Administration, convention qui fixera l'importance du changement, sa portée, le prix supplémentaire qui en sera la conséquence, etc.....

Quoi de plus conforme aux règles du droit commun, en ce qui concerne la preuve, que d'exiger un acte écrit, l'ordre en espèce qui sera signé de l'entrepreneur qui accepte et du chef de service qui stipule?

Il paraît évident que, en cas de contestation, si le chef du service avoue avoir donné un ordre verbal, le tribunal compétent n'exigera pas l'ordre écrit, la jurisprudence du Conseil d'État est en ce sens.

SECTION III.

Ouvrages non prévus.

Un autre principe essentiel est le suivant :

Les prix des ouvrages non prévus sont réglés d'après les éléments de ceux de l'adjudication ou par assimilation aux ouvrages analogues. Dans le cas d'impossibilité absolue d'assimilation, on prend pour terme de comparaison les prix-courants du pays.

Les nouveaux prix établis sur les bases ci-dessus après avoir été *débattus* entre le chef du service et l'entrepreneur sont soumis à l'approbation du directeur.

Voilà la règle ; mais l'entrepreneur sera-t-il tenu d'accepter les prix ainsi calculés?

Si l'entrepreneur ne les accepte pas, les travaux seront payés provisoirement d'après ces prix, mais ce dernier pourra se pourvoir devant la juridiction compétente, laquelle aura seule qualité pour trancher d'une *façon définitive* le désaccord existant entre les deux parties.

L'entrepreneur peut être forcé d'exécuter des ouvrages et de fournir des matériaux, des outils et de la main-d'œuvre non prévus au marché. Les prix en sont fixés comme il vient d'être dit ci-dessus.

Mais dans quelles limites l'entrepreneur sera-t-il tenu d'exécuter ces ouvrages non prévus?

Il faut établir une distinction suivant la nature du marché.

Dans le marché sur devis, nous verrons plus loin que l'augmentation des travaux est fixée dans le cahier des clauses et conditions générales, elle ne peut dépasser le sixième du montant de l'entreprise, sauf droit de résiliation pour l'entrepreneur.

Que les travaux en augmentation demandés à l'entrepreneur soient prévus ou non prévus, il faudra que l'Administration se tienne dans cette limite du sixième.

Il importe de remarquer qu'il y a lieu de considérer comme un travail imprévu un travail qui rencontrerait des difficultés imprévues. Ainsi, un entrepreneur auquel le devis allouerait une somme déterminée par mètre cube de terrassement pour l'exécution d'un déblai bien déterminé, et cela quelle que soit la nature du terrain fouillé, n'en serait pas moins fondé à faire considérer comme travail imprévu l'extraction par exemple de blocs erratiques qui se rencontreraient dans ce terrain contre toute attente. Telle est la jurisprudence du Conseil d'État.

Il ne faut pas oublier en effet, que d'une part, il est de l'essence des marchés de travaux militaires que les conditions stipulées de part et d'autres sont considérées comme des *équivalents* et, d'autre part, que l'Administration ne doit pas s'enrichir au détriment de l'entrepreneur.

Ce dernier principe d'équité doit être loyalement appliqué par l'État qui est comme on dit « le plus honnête homme de France. »

Dans les marchés à forfait, aucun changement ne pouvant être apporté au marché sans une convention nouvelle consentie par l'entrepreneur, ce dernier ne pourra être contraint à exécuter un ouvrage non prévu si peu important qu'il soit.

Enfin dans les marchés sur série, aucune limite n'est imposée à l'Administration. Le cahier des clauses et conditions générales laisse pour ces marchés toute latitude à l'État, à moins que les quantités d'ouvrages ne soient spécialement prévues dans le cahier des charges spéciales.

SECTION IV.

Augmentation ou diminution dans la masse des travaux.

En cas d'augmentation dans la masse des travaux d'un marché sur devis, l'entrepreneur est tenu d'en continuer l'exécution jusqu'à concurrence du sixième en sus du montant de l'entreprise.

Au delà de cette limite, l'entrepreneur a droit *uniquement* à la résiliation de son marché.

En cas de diminution, l'entrepreneur ne peut élever aucune réclamation tant que la diminution n'excède pas le sixième du montant de l'entreprise; si la diminution est de plus du sixième, il peut recevoir une indemnité.

Voilà en cas de marchés sur devis les limites et les règles fixées par les conventions des parties.

En cas d'augmentation de plus du sixième, l'entrepreneur n'a droit qu'à la résiliation. C'est une dérogation au droit commun.

En effet, aux termes de l'article 1184 applicable en l'espèce, puisque l'État ne tient pas ses engagements de faire exécuter les travaux dans les conditions prévues au devis, l'entrepreneur devrait avoir droit non seulement à la résiliation mais encore à des dommages-intérêts.

Le droit de l'entrepreneur à des dommages-intérêts peut encore se justifier de la façon suivante : L'indemnité est de droit quand la résiliation résulte du fait du maître de l'ouvrage (art. 1794, C. civ.). Or, le plus souvent, la résiliation s'impose à l'entrepreneur comme une nécessité quand la masse des travaux est notablement augmentée; mais cette augmentation est le fait de l'Administration, la résiliation qui en est la conséquence nécessaire est donc aussi le fait de l'Administration, et l'article 1794 trouve naturellement son application.

En cas de diminution de plus du sixième, l'entrepreneur n'a droit qu'à une indemnité. Autre dérogation au droit commun.

En effet, la condition résolutoire n'est-elle pas toujours sous-entendue dans les contrats synallagmatiques quand l'une des parties contractantes n'exécute pas ses engagements?

Ce principe de droit est universellement admis et l'on ne voit pas de raison sérieuse pour y déroger.

Nous signalons encore ici les différences qui existent sur

ce point entre le cahier de la Guerre et celui des Ponts et chaussées.

Ce dernier au moins accorde la résiliation dans tous les cas avec ou sans indemnité suivant qu'il s'agit de diminution ou d'augmentation, et en cela il est d'accord avec la jurisprudence du Conseil d'État qui, par un arrêt du 3 décembre 1880, Villebersey, a admis que le droit à résiliation était acquis à l'entrepreneur aussi bien dans le cas de diminution que dans le cas d'augmentation.

Quand il s'agit d'augmentation, le cahier des Ponts et chaussées stipule que l'entrepreneur aura droit à la résiliation immédiate à la condition de l'avoir demandée par lettre adressée au Préfet dans le délai de deux mois à partir de la notification de l'ordre dont l'exécution entrainerait l'augmentation de plus du sixième.

Il y a, en effet, des inconvénients graves à laisser l'entrepreneur absolument libre de demander la résiliation au moment qu'il juge le plus avantageux à ses intérêts, c'est-à-dire à lui permettre d'interrompre les travaux quand il lui plaît, et il est juste de lui imposer l'obligation de prendre parti dans un certain délai.

L'article 36 du cahier de la Guerre est donc à modifier dans ce sens si l'on veut sauvegarder les intérêts de l'État.

En outre, il peut arriver que l'augmentation ou la diminution des dépenses soit occasionnée par des circonstances fortuites (tassement ou foisonnement de remblais, difficultés ou facilités plus grandes de fondations. Il faudrait, si le Ministre de la Guerre apportait au cahier de 1889 la modification que nous demandons, que l'entrepreneur fût obligé, dans ce cas, comme dans les autres, de prendre parti et ne conservât pas la faculté de se retirer au moment qu'il jugerait le plus convenable à ses intérêts. A cet effet, lorsque l'Administration aurait acquis la certitude que les dépenses doivent être augmentées ou diminuées de plus du sixième par suite de circonstances quelconques, elle devrait, en temps opportun, adresser à l'entrepreneur un ordre de service définissant les travaux qui restent à faire, de façon à le mettre en demeure de faire connaître dans un certain délai s'il entend user ou non de son droit de résiliation.

Il n'y a pas que la masse des travaux à considérer au point de vue des effets des augmentations ou des diminutions; les changements dans l'importance relative des diverses natures d'ouvrages peuvent causer de graves préjudices à l'entrepreneur.

On comprend, en effet, que tout en réalisant un bénéfice sur l'ensemble de son marché, l'entrepreneur puisse perdre sur certains ouvrages en gagnant sur d'autres. Si l'Administration change l'importance relative de ces ouvrages, la balance faite par l'entrepreneur au moment de l'adjudication pourra changer de sens, les pertes dépasseront les gains et l'entrepreneur aura droit de ce fait à une indemnité.

Aussi, dans les marchés sur devis, lorsque les changements ordonnés ont pour résultat de modifier l'importance de certaines espèces d'ouvrages, l'entrepreneur a droit à une indemnité si les quantités prescrites diffèrent de plus *d'un tiers* en plus ou en moins de celles qui sont portées au devis.

L'indemnité, c'est équitable, mais la résiliation ne le serait pas moins.

Pourquoi donc aussi bien dans le cahier des Ponts et chaussées que dans celui de la Guerre, la condition résolutoire n'existe-t-elle pas pour cette hypothèse?

La limite du tiers est assez large pour l'Administration ; si elle la dépasse, c'est que ses projets ont été mal étudiés ou qu'il s'est présenté en cours d'exécution des conditions anormales exigeant des modifications profondes.

Dans un cas comme dans l'autre, on porte une atteinte trop grave aux bases mêmes du marché pour qu'on ne donne pas à l'entrepreneur le droit de se retirer et de rompre le contrat.

Pour le cas d'un marché à forfait, rien n'est prévu au cahier des clauses et conditions générales, c'est donc le droit commun qu'il faut appliquer, nous l'avons dit plus haut.

Dans le cas d'un marché sur série de prix, aucune demande d'indemnité ne peut être admise au sujet des quantités ou des proportions des ouvrages ordonnés, à moins que ces quantités ou proportions n'aient été spécialement prévues dans le marché.

Rien à dire au point de vue de l'équité ; mais le rédacteur du cahier de 1889 a omis un point important.

Dans le cas où les quantités ou proportions seraient prévues au marché, dans quelles limites l'État pourrait-il les
modifier?

L'augmentation ou la diminution dans la masse des travaux fait également l'objet de prévisions dans les marchés
de la Guerre en Italie, en Belgique et en Allemagne.

En Allemagne, contrairement à ce qui se passe en
France, en Italie et en Belgique, une diminution dans la
masse des travaux ouvre à l'entrepreneur un droit à indemnité pour les dommages qu'il aurait pu subir de ce
chef, cela *quelle que soit cette diminution.*

Le texte de l'article 5 des dispositions générales du
cahier allemand est formel :

Si les travaux effectués conformément aux prescriptions
du directeur des travaux sont en quantités inférieures à
celles spécifiées dans le contrat, l'entrepreneur a droit
d'être indemnisé du dommage qu'il pourrait avoir subi
de ce chef.

En cas de litige, le tribunal arbitral décide.

En ce qui concerne l'augmentation, quelle qu'elle soit,
elle ne peut avoir lieu qu'avec le consentement de l'entrepreneur.

En Italie, nous trouvons une limitation aux changements
qu'on peut apporter en cours d'exécution ; mais elle diffère
de celle admise en France.

L'article 29 du cahier des conditions générales dispose
en effet :

L'Administration a le droit de dépenser sur les bases des

prix fixés au contrat 1/5 en plus ou en moins des dépenses prévues, sans que pour cela l'entrepreneur ait droit à aucune indemnité. En d'autres termes, l'administration peut dépenser les 6/5 de la somme fixée au contrat, et l'entrepreneur a seulement le droit d'exiger qu'on en dépense les 4/5.

L'Administration militaire se réserve la faculté de confier à d'autres entrepreneurs qu'à l'adjudicataire l'exécution de certains travaux à la tâche et d'employer de la main-d'œuvre civile ou militaire payée directement par elle: mais à la condition que le coût global de ces sous-entreprises et des travaux réellement exécutés par l'adjudicataire se trouve compris dans les limites ci-dessus fixées.

Quand l'augmentation des travaux excède le 1/5 du coût contractuel, l'entrepreneur qui les aura exécutés sans avoir préalablement réclamé par écrit dans les 48 heures de l'ordre donné n'a droit à aucune indemnité pour cet excédent de travaux qui sera payé au prix du contrat.

Cette dernière clause du cahier italien paraît d'une exécution bien difficile dans la pratique — Comment l'entrepreneur pourra-t-il dans les 48 heures de l'ordre reçu se rendre compte que l'administration dépasse de 1/5 les prévisions du marché si sa comptabilité aussi bien que celle de l'administration n'est pas exactement à jour, ce qui est le cas le plus fréquent dans la pratique, en cours d'exécution d'une entreprise?

En Belgique, les changements qu'on peut apporter

peuvent entraîner une augmentation ou une diminution dans la masse des travaux non plus du 1/5 comme en Italie ou du 1/6 comme en France, mais seulement de 1/10.

Le Ministre de la Guerre se réserve formellement le droit d'ordonner dans l'exécution des travaux telles modifications qu'il jugera convenables, il peut supprimer complètement une partie des ouvrages, de même qu'il peut obliger l'entrepreneur à exécuter des travaux supplémentaires; mais il est bien entendu, aux termes de l'article 46, que toutes ces modifications ne peuvent avoir pour effet de diminuer ou d'augmenter le prix total de l'entreprise de plus de 1/10 sans le consentement écrit de l'entrepreneur. Les augmentations ou diminutions dans cette limite du 1/10 ne donnent ouverture à aucune indemnité pour l'entrepreneur, à moins qu'il n'ait fait soit en vertu du devis, soit en vertu d'un ordre écrit du commandant du Génie des approvisionnements ou des commandes de matériaux qui resteraient sans emploi.

Cette dernière clause est parfaitement équitable.

Une remarque intéressante à faire au sujet de ces différentes conventions, c'est qu'aucune d'elles n'admet la rupture du marché quand les changements en cours d'exécution dépassent la limitation stipulée.

Ce qui peut arriver de meilleur à l'entrepreneur italien, belge ou allemand, c'est qu'il touche une indemnité dont les bases ne sont même pas déterminées d'ailleurs; mais il ne peut demander la résiliation de son marché.

Ainsi que nous l'avons développé plus haut, il y a là une dérogation grave aux principes généraux du droit et qui ne peut pas plus se justifier dans ces différents pays qu'en France.

Il est bien entendu que cette dérogation a été acceptée par l'adjudicataire et qu'elle est légale, si l'on peut s'exprimer ainsi, puisque les conventions font la loi des parties; mais là n'est pas la question.

Il s'agit de savoir si un État, quand il contracte avec un particulier, à propos de travaux militaires, a intérêt à introduire des clauses exorbitantes du droit commun. Nous ne le pensons pas.

A. 10

CHAPITRE III.

RUPTURE DU MARCHÉ.

Généralités. — Le marché de travaux militaires prend fin comme tous les contrats, lorsque les deux parties contractantes ont respectivement exécuté toutes leurs obligations. Nous n'avons rien à dire de particulier sur ce mode normal d'extinction des obligations réciproques de l'entrepreneur et de l'État.

Mais il y a des cas nombreux où le marché est rompu en cours d'exécution. Ce sont ces cas de rupture que nous nous proposons d'étudier dans ce chapitre.

Tout d'abord, il est bien évident que les règles du Code civil relatives à la résiliation des contrats synallagmatiques en général et des contrats de louage d'ouvrage en particulier, s'appliquent à la résolution des marchés de travaux militaires, *toutes les fois,* bien entendu, *qu'il n'y est pas dérogé par les conventions des parties.*

Ainsi, d'une manière générale, en cas d'infraction de la part de l'Administration militaire aux stipulations du devis, l'entrepreneur, se fondant sur l'article 1184 du Code civil, a le droit de demander la résiliation du marché, avec dommages-intérêts.

De même, l'Administration, en vertu des seuls principes du droit commun peut demander aux tribunaux administratifs la résiliation contre l'entrepreneur qui ne satisfait pas aux engagements de son contrat.

Les clauses spéciales prévues dans le cahier des clauses et conditions générales de la Guerre et relatives à la rupture du marché ont précisément pour objet d'empêcher l'application *complète* des dispositions du Code civil relatives aux conséquences de la résolution des contrats.

Ces clauses spéciales ont notamment pour effet de réduire les dommages-intérêts qui seraient dus à l'entrepreneur et aussi de résilier le contrat sans l'intervention de la justice; du moment où la partie, en faveur de laquelle la résiliation est stipulée a manifesté sa volonté d'en profiter, le marché est résolu.

Les cas de résiliation prévus par le cahier de 1889 peuvent se diviser en deux groupes principaux :

Résiliation au profit de l'État.

Résiliation au profit de l'entrepreneur.

C'est dans cet ordre que nous allons les examiner dans les deux sections qui vont suivre.

SECTION I.

Résiliation au profit de l'Administration.

Les cas de résiliation au profit de l'État sont les suivants :

1° Lorsque le Ministre ordonne la cessation absolue des

travaux, l'entreprise est immédiatement résiliée s'il y a lieu.

Ce droit de l'État est fondé sur l'article 1794 du Code civil, qui autorise le maître à résilier par sa seule volonté, à la condition de dédommager l'entrepreneur de toutes ses dépenses et de tout ce qu'il aurait pu gagner.

Il faut observer, ici encore, une dérogation au droit commun ; l'indemnité accordée par le cahier des charges ne comprend pas les bénéfices éventuels que l'entrepreneur aurait pu réaliser ; elle tient compte seulement de toutes les dépenses faites et restées improductives par suite de la non-exécution des travaux.

Si la cessation absolue ou l'ajournement des travaux est due à des circonstances de force majeure, le contrat est toujours résilié de plein droit ; mais, aux termes de l'article 1148 du Code civil, l'Administration ne doit aucune indemnité à l'entrepreneur.

2° En cas de décès de l'entrepreneur, le contrat est résilié de plein droit, sauf à l'Administration à accepter, s'il y a lieu, les offres qui peuvent être faites par les héritiers pour la continuation des travaux.

Ce droit est fondé sur l'article 1795 du Code civil, qui dispose que le contrat de louage d'ouvrage est dissous par la mort de l'entrepreneur.

3° En cas de faillite de l'entrepreneur, le contrat est également résilié de plein droit, sauf à l'Administration à accepter, s'il y a lieu, les offres qui peuvent être faites par les créanciers pour la continuation de l'entreprise.

4° Si l'entrepreneur est admis à la liquidation judiciaire, la résiliation peut être prononcée purement et simplement, même dans le cas où ce dernier serait autorisé par le tribunal à continuer l'exploitation de son commerce ou de son industrie.

Nous l'avons déjà fait remarquer, ces deux clauses sont parfaitement légitimes, elles sont la conséquence toute naturelle de ce fait que le marché de travaux militaires est un contrat *essentiellement personnel* et que l'Administration ne peut être contrainte d'avoir affaire à une personne autre que celle avec laquelle elle a traité.

En ce qui concerne la liquidation judiciaire, la loi du 4 mars 1889 prévoit sans doute que l'entrepreneur peut continuer l'exploitation de son industrie ; mais il ne peut plus agir alors qu'avec l'autorisation du juge-commissaire et l'assistance des liquidateurs qui sont tenus de prendre l'avis des contrôleurs sur les actions à intenter ou à suivre, et il n'a pas dans cette situation une liberté d'action suffisante pour pouvoir déférer en temps utile aux ordres de l'Administration.

5° La résiliation sans indemnité est la conséquence du seul fait de la déclaration de l'état de siège dû à la présence de l'ennemi.

La résiliation sans indemnité dans cette hypothèse est *contraire* à la jurisprudence du Conseil d'État qui, à propos des nombreux travaux ajournés à la suite de la guerre de 1870, a accordé aux entrepreneurs des dommages-intérêts dans les conditions du droit commun, c'est-à-dire en tenant compte des pertes subies et des bénéfices manqués.

Elle est contraire aux stipulations du cahier des charges relatives aux cas de force majeure.

En effet, la présence de l'ennemi est un cas de force majeure, et l'entrepreneur ne doit pas en supporter les conséquences. Il peut s'en prévaloir aux termes de l'article 30 pour réclamer une indemnité.

Enfin, ce qui est plus grave, c'est que cette clause porte directement atteinte à ce grand principe de *l'égalité des charges pour tout le monde.*

Pourquoi faire supporter en effet à l'entrepreneur seul le préjudice résultant pour lui de la présence de l'ennemi sur le territoire national? n'est-ce pas un malheur qui atteint l'État tout entier et tous les membres de l'État ne doivent-ils pas par suite contribuer à le réparer?

Le principe de l'indemnité s'impose, c'est une raison d'équité qui devrait l'introduire dans le cahier des charges.

6° Lorsque l'entrepreneur ne se conforme pas d'une manière générale aux dispositions du marché, le Ministre peut prononcer la résiliation.

Dans les cas que nous venons d'examiner, l'Administration trouvait son avantage à la résiliation; elle était faite à son profit sans que l'entrepreneur fût en faute.

Ici, au contraire, la résiliation s'appuie sur l'article 1184 du Code civil et, par suite, aucune indemnité n'est due à l'entrepreneur qui n'a pas tenu ses engagements.

Les principes généraux conduiraient même à lui demander des dommages-intérêts, l'Administration ne le fait pas, elle se contente, le cas échéant, de la mise en régie ou de la passation d'un nouveau marché aux risques et périls de l'entrepreneur, lequel sera ainsi tenu des excédents de dépenses sans pouvoir prétendre en aucun cas aux économies réalisées et qui restent acquises à l'État.

7° Si un sous-traité est passé sans autorisation, le Ministre peut prononcer la résiliation pure et simple de l'entreprise, soit faire procéder à une nouvelle adjudication sur folle enchère.

SECTION II.

Résiliation au profit de l'entrepreneur.

Ces cas de résiliation en dehors de ceux du droit commun sont les suivants :

1° Dans le marché sur devis, en cas d'augmentation de plus d'un sixième dans la masse des travaux, l'entrepreneur a droit uniquement à la résiliation de son marché.

Nous avons examiné ce cas dans le chapitre précédent; nous rappellerons seulement la conclusion à laquelle nous sommes arrivés.

La résiliation devrait être accordée non seulement en cas d'augmentation mais encore en cas de diminution.

2° Lorsque le Ministre prescrit l'ajournement des travaux pour plus d'une année, l'entrepreneur a droit de demander la résiliation de son marché sans préjudice de l'indemnité qui peut lui être allouée, s'il y a lieu; mais cette indemnité ne tient compte que du dommage causé et non du gain manqué.

Dans ce cas comme dans celui de cessation absolue des travaux, l'indemnité, selon nous, devrait avoir l'étendue de celle de l'article 1794 du Code civil.

D'après le cahier des charges, l'entrepreneur n'a rien à réclamer si l'ajournement est de moins d'un an.

Quid? si l'ajournement de moins d'un an est causé par une faute lourde imputable à l'Administration et si le laps de temps pendant lequel l'entrepreneur a été de ce chef empêché de travailler dépasse de beaucoup les délais prévus par les parties.

En stricte équité, une indemnité devrait être accordée à l'entrepreneur qui n'a rien à se reprocher ; elle serait réglée, le cas échéant, par le Conseil de préfecture.

Le ralentissement même des travaux, avant qu'on en ait ordonné la cessation, peut donner lieu à une indemnité à l'entrepreneur s'il est imputable à l'Administration.

Le cahier de 1889 n'a pas jugé utile de réglementer les mesures à prendre dans le cas où l'insuffisance des crédits entraînerait un ralentissement anormal dans l'exécution des travaux. Cette éventualité n'est pas en effet à prévoir pour le plus grand nombre des entreprises de la Guerre qui ont toujours un caractère décidé d'urgence, et c'est seulement dans des circonstances exceptionnelles qu'il peut y avoir lieu de prévoir des dispositions spéciales.

Ces dispositions feront l'objet d'une clause du cahier des charges spéciales stipulant soit une indemnité pour l'entrepreneur, soit le droit pour ce dernier de demander la résiliation de son marché dans le cas où les travaux ne seraient pas achevés dans un délai déterminé.

En cas d'interruption ou de cessation définitive des travaux, le cahier des charges allemand stipule une indemnité pour l'entrepreneur comprenant la perte subie mais non le gain manqué. Il est d'accord sur ce point avec le cahier français, mais il en diffère en ce que, dans aucun cas, la résiliation du marché n'est prononcée soit au profit de l'État, soit au profit de l'entrepreneur.

Aux termes de l'article 7 du cahier allemand, l'entrepreneur peut réclamer une indemnité pour le dommage qu'il prouverait avoir subi par l'interruption ou la cessation définitive des travaux, si les circonstances qui ont empêché la continuation du travail incombent à l'autorité qui a signé le contrat ou à ses employés.

L'entrepreneur ne peut pas prétendre à une indemnité pour le bénéfice dont il est ainsi privé.

Vient ensuite une clause qui pourrait trouver sa place dans le cahier de 1889, car elle nous paraît de la plus stricte équité.

De même, l'entrepreneur est tenu de payer une indemnité si la suspension ou l'arrêt des travaux lui sont imputables ou si les circonstances qui les ont amenées le concernent.

3° En cas de mobilisation ou lorsque la place est déclarée en état de guerre, la résiliation du marché est immédiatement accordée à l'entrepreneur qui la demande, mais sans aucune *indemnité*.

Cette clause est évidemment plus équitable que celle relative à la déclaration de l'État de siège, puisque l'entrepreneur peut continuer ses travaux et que la résiliation ne lui est pas imposée.

Cependant il y a bien là encore un cas de force majeure. Si l'entrepreneur demande la résiliation, c'est dans l'éventualité des pertes qu'il pourrait subir si l'ennemi venait à se présenter devant la place. Nous ne verrions aucun inconvénient à appliquer ici encore l'article 30 et à accorder une indemnité tenant compte seulement, bien entendu, des pertes subies par le fait de la résiliation, lesquelles ne sont réellement pas imputables à l'entrepreneur.

4° C'est avec regret que nous constatons, dans le cahier de 1889, l'absence totale d'un cas de résiliation au profit de l'entrepreneur, prévu par l'article 33 ci-dessous du cahier des Ponts et chaussées.

« Si pendant le cours de l'entreprise, les prix subissent « une augmentation telle que la dépense totale des ou- « vrages restant à exécuter d'après les devis se trouve aug- « mentée d'un sixième comparativement aux estimations « du projet, l'entrepreneur a droit à la résiliation de son « marché sans indemnité. »

Bien entendu, cette résiliation ne serait obligatoire que si les deux parties contractantes renonçaient à traiter sur de nouvelles bases, et la porte ne serait pas nécessairement fermée aux arrangements qu'il pourrait être utile de prendre avec l'entrepreneur pour la continuation des travaux.

Il est évident que cette clause nouvelle serait un tempérament apporté au droit commun au profit de l'entrepreneur, mais elle paraît tout à fait équitable, et c'est à ce titre que nous en demandons l'insertion dans le cahier des clauses et conditions générales de la Guerre.

Inversement, si au lieu d'augmenter d'un sixième, les prix venaient à baisser de la même quantité, l'Administration aurait-elle le droit de résilier le marché?

Le cahier des Ponts et chaussées ne le dit pas.

Si, dans le courant de l'entreprise, dispose l'article 55, une modification venait à être apportée à l'assiette des droits d'octroi, il en serait tenu compte, soit à l'entrepreneur, soit à l'État.

Les droits d'octroi sont variables, et il est de toute justice que l'entrepreneur et l'État ayant contracté sous l'empire d'une assiette déterminée de cet impôt, il leur soit respectivement tenu compte aussi bien des augmentations que des diminutions qui pourraient se produire dans les tarifs, en cours d'entreprise.

Dans le cas d'un marché sur devis, si ces variations de tarifs avaient pour effet de faire subir aux prix une augmentation telle que la dépense totale de l'entreprise fût augmentée d'un sixième, et si l'on adoptait la clause ci-dessus relative aux variations de prix, l'entrepreneur aurait à choisir entre la résiliation de son marché sans indemnité et la continuation de l'entreprise à charge par l'État de lui tenir compte des augmentations produites par les droits d'octroi.

Il faut ajouter que cette éventualité se produira rarement, mais tout est possible en matière d'impôt, et il serait nécessaire d'établir en tous cas concordance entre l'article 55 et celui que nous proposons d'introduire dans le cahier de 1889.

SECTION III.

Reprise du matériel.

En principe, la reprise du matériel dans tous les cas de résiliation que nous avons examinés est purement facultative pour l'État.

Le directeur *peut* ordonner la cession à l'État, par l'entrepreneur, des outils, équipages, existant sur le chantier, et qu'il juge nécessaires pour l'achèvement des travaux.

En cas de décès de l'entrepreneur, la reprise obligatoire du matériel par l'État serait une mesure de bienveillance et d'équité dictée par cette considération pratique qu'une vente judiciaire du matériel après décès pourrait être assez souvent une cause de ruine pour sa famille. Il est regrettable que cette mesure exceptionnelle n'ait pas été prévue au cahier des clauses et conditions générales.

Si la reprise du matériel est facultative pour l'État, la cession en est toujours obligatoire pour l'entrepreneur, sauf quand la résiliation du marché a lieu par suite d'augmentation de plus du sixième dans la masse des travaux.

Le motif de cette dernière exception nous échappe. Si la résiliation est prononcée, l'État étant obligé de continuer les travaux, il pourra lui être avantageux, dans le cas où il ne voudrait pas passer un autre marché, de forcer l'entrepreneur sortant à lui céder le matériel nécessaire pour leur achèvement.

Si, au contraire, un nouveau marché est passé, l'Administration n'aura qu'à ne pas user de son droit, à moins qu'elle ne juge opportun d'obliger le nouvel entrepreneur à reprendre le matériel en question, ce qu'elle peut toujours faire.

Dans tous les cas de résiliation, l'entrepreneur est tenu d'évacuer les chantiers, magasins et emplacements utiles aux travaux, dans le délai fixé par l'Administration.

Quant aux matériaux approvisionnés par ordre et acceptés, la reprise, contrairement à ce qui a lieu pour le matériel, en est obligatoire pour l'État, bien entendu au prix de l'adjudication.

Mais la cession est-elle également obligatoire pour l'entrepreneur ?

Pas de doute possible à ce sujet, les termes de l'article 56 du cahier de 1889 sont formels :

« *Sont acquis* par l'État s'ils remplissent les conditions
« du marché, les matériaux nécessaires à la construction
« réunis par ordre et qui sont déposés..... »

Toutefois l'expression « *nécessaire à la construction* » veut-elle dire que l'État peut laisser pour compte à l'entrepreneur des matériaux approvisionnés par ordre s'il estime qu'ils ne sont plus nécessaires à la construction par suite de modifications ou de changements qui seraient survenus en cours d'exécution?

Cette interprétation judaïque du texte de l'article précité serait peu équitable, l'Administration devant être toujours responsable des ordres qu'elle donne.

Les matériaux approvisionnés par ordre sont ceux qui font l'objet d'un ordre *écrit spécial* indiquant qu'ils sont pour le compte de l'État.

En conséquence, tous ceux approvisionnés par l'entrepreneur pour les besoins de son entreprise sans ordre *spécial,* ne peuvent jamais faire l'objet d'une reprise obligatoire pour l'État en cas de résiliation du marché.

Le chef du service constate dans un procès-verbal établi en présence de l'entrepreneur, l'existence de ces matériaux au jour de la cessation du marché.

C'est à cette date qu'ils devront être évalués, quelle que soit la dépréciation qu'ils aient pu subir par suite de leur séjour plus ou moins prolongé sur les chantiers.

CHAPITRE IV.

MISE EN RÉGIE.

SECTION I.

Cas dans lesquels la mise en régie peut être appliquée.

Lorsque l'entrepreneur ne se conforme pas aux dispositions du marché ou aux ordres de service qui lui sont donnés, le Ministre peut suivant les circonstances, soit ordonner l'établissement d'une régie aux frais de l'entrepreneur pour *la totalité* ou *une partie* seulement des travaux, soit prescrire de passer un marché aux risques et périls de l'entrepreneur, soit enfin prononcer la résiliation du contrat.

Ces trois mesures coercitives : mise en régie, passation d'un nouveau marché, résiliation peuvent être appliquées par l'Administration lorsqu'elle le juge nécessaire. C'est de sa part un acte d'autorité.

La régie peut être prononcée par exemple pour activité insuffisante imprimée aux travaux, pour absence des approvisionnements et des ouvriers nécessaires, pour refus d'obtempérer à une mise en demeure, et en général pour toute inexécution de la part de l'entrepreneur des obligations de son marché.

Toutefois la régie n'est pas le préliminaire obligatoire de la résiliation ou d'une réadjudication sur folle enchère; l'Administration reste libre d'opter entre ces trois mesures de rigueur.

Nous avons étudié précédemment la résiliation au profit de l'État en cas d'inexécution du marché par l'entrepreneur. Nous avons aussi parlé des conséquences pour ce dernier de la passation d'un marché à ses risques et périls à propos de la défense qui lui est faite de sous-traiter sans autorisation. Nous ne reviendrons pas sur ces deux mesures de coercition.

Nous ferons simplement remarquer qu'un sous-traité passé sans autorisation par l'entrepreneur, peut motiver une *nouvelle adjudication* à ses risques et périls, tandis que l'inexécution du contrat peut entraîner pour lui la *passation* d'un marché à ses risques et périls, mesure beaucoup plus rigoureuse.

En effet, dans le premier cas, l'entrepreneur a comme garantie la publicité et la concurrence de la nouvelle adjudication, tandis que dans le second cas, il est absolument à la merci de l'État si le Ministre *passe* un marché de gré à gré comme c'est son droit d'après le texte même de l'article 49.

Nous pensons qu'il y a là une erreur matérielle dans la rédaction de l'article précité et qu'il faut substituer à l'expression « *passer un marché aux risques et périls de l'entre-*

preneur » l'expression « *procéder à une nouvelle adjudication aux risques et périls de l'entrepreneur,* » ce qui n'est
pas du tout *équivalent.* »

Nous sommes d'autant plus fondé à émettre cette opinion que les deux articles 9 et 35 du cahier des ponts et
chaussées relatifs l'un au sous-traité, l'autre à l'inexécution du marché emploient bien dans les deux cas la même
expression « *ordonner une nouvelle adjudication à la folle
enchère de l'entrepreneur.* »

SECTION II.

En quoi consiste la mise en régie.

Dans la mise en régie le chef du service se substitue
complètement à l'entrepreneur pour les travaux ou fournitures et les effectue au compte de celui-ci.

Il prend possession du matériel de toute nature, des
approvisionnements et des locaux de l'entreprise qu'il juge
utiles à la continuation des travaux en souffrance.

L'entrepreneur est autorisé à suivre les opérations de la
régie sans qu'il puisse toutefois entraver l'exécution des
ordres.

Les excédents de dépenses sont à sa charge, mais il ne
peut profiter des économies qui pourraient être réalisées et
qui sont acquises à l'État.

La mise en régie n'est pas une rupture complète du
marché. C'est une mesure essentiellement provisoire, et

A.   11

l'entrepreneur peut en être relevé, s'il justifie des moyens
nécessaires pour reprendre les travaux et les mener à
bonne fin.

En définitive, l'entreprise continue au compte de l'adjudicataire ; mais la direction lui en est enlevée et donnée
au chef de service qui opère en son lieu et place.

L'État peut avoir intérêt à recourir à la mise en régie
de préférence à la résiliation pure et simple du marché ou
à une réadjudication sur folle enchère, de manière à
éviter les retards qu'entraînerait une nouvelle adjudication.

Toutefois, il faut bien le remarquer, la substitution du
chef de service à l'entrepreneur ne va pas dans la pratique
sans de très grosses difficultés, et il faut des motifs sérieux
pour recourir à cette mesure.

Le prononcé de la mise en régie est un acte d'autorité
qui échappe au recours pour excès de pouvoir. Mais si
l'entrepreneur ne peut faire annuler la décision du Ministre, il peut tout au moins se pourvoir devant les tribunaux
administratifs, pour en discuter les conséquences.

Deux hypothèses doivent être examinées.

La procédure de la mise en régie réglée par les articles
49 et 50 du cahier de 1889 a été régulière, alors l'entrepreneur cherchera à établir que les excédents de dépenses
qu'on lui impute sont dus au fait de l'Administration, à sa
faute lourde, à sa négligence ou à son imprudence et
réclamera l'application des articles 1382 et 1383 du Code
civil.

La procédure a été irrégulière ou la mise en régie prononcée à tort, l'Administration est en faute et sera tenue de réparer tous les préjudices qu'elle a causés à l'entrepreneur, à charge par ce dernier d'en rapporter la preuve.

Celui-ci pourra par suite demander et obtenir une indemnité tenant compte non seulement de la perte subie résultant de l'imputation des excédents de dépenses, mais encore des bénéfices manqués qu'il aurait pu réaliser en dirigeant lui-même les opérations de son entreprise, conformément aux prescriptions de l'article 1149 du Code civil. La jurisprudence du Conseil d'État est en sens contraire.

La mise en régie peut être la source de nombreux procès que l'État a toujours intérêt à éviter le plus possible.

Nous sommes d'ailleurs ici encore en présence d'une clause exorbitante du droit commun.

En effet la mise en régie n'est pas, comme on pourrait le croire au premier abord, une application pure et simple de l'article 1144 du Code civil.

Cet article stipule bien que le créancier peut en cas d'inexécution, faire exécuter lui-même l'obligation aux dépens du débiteur, mais à la condition expresse qu'il y soit *autorisé* par justice.

Or, c'est le Ministre juge et partie qui prononce la mise en régie, c'est une décision administrative et point du tout un jugement.

Tandis que le Ministre ne consulte que les intérêts de l'État, le tribunal de droit commun appelé à statuer sur la demande du créancier, recherche non seulement les intérêts de ce dernier mais encore apprécie la question d'opportunité et de validité des raisons invoquées par les deux parties.

Il existe donc une différence profonde entre la mise en régie telle qu'elle est édictée dans le cahier de 1889 et l'article 1144 du Code civil.

Pourquoi cette différence? pourquoi l'Administration peut-elle se constituer elle-même juge de la question d'inexécution? la juridiction contentieuse ne pourrait-elle intervenir sur cette grave question de la dépossession de l'entrepreneur, surtout aujourd'hui que l'on peut adapter à la juridiction administrative la procédure simple et prompte du référé?

Il est bien évident que la mise en régie, telle qu'elle est stipulée dans le cahier de 1889, étant essentiellement un acte d'autorité, un tribunal ne saurait y mettre obstacle, même par voie de référé, sans faire lui-même acte d'administration.

Il est bien évident également, ainsi que nous l'avons dit plus haut, que devant cet acte d'autorité, l'unique rôle du tribunal doit consister à en apprécier les conséquences et à fixer l'indemnité due à l'entrepreneur s'il y a lieu. Il ne saurait aller au delà sans prendre la place de l'Administration elle-même.

Mais cet acte d'autorité, ce droit de puissance publique, trouve-t-il sa justification dans un motif d'utilité publique? Toute la question est là, car si cet acte d'autorité peut être supprimé en l'espèce sans inconvénient pour l'utilité publique, rien n'empêche plus de recourir à la procédure du référé devant le Conseil de préfecture, et nous rentrons dans le droit commun.

A notre avis, la mise en régie en tant qu'acte d'autorité n'a pas de raison d'être : l'intérêt public n'est pas en jeu. Si l'entrepreneur n'exécute pas ses obligations, les tribunaux sauront bien l'y contraindre en prononçant eux-mêmes la mise en régie.

Nous n'avons parlé jusqu'ici que de la mise en régie *totale;* quid de la mise en régie *partielle?*

Cette dernière mesure qui, au premier abord, semble moins rigoureuse que la régie totale, ne laisse pas que de présenter de sérieuses difficultés dans la pratique.

En effet, l'entrepreneur pourra se plaindre que son crédit a été compromis par l'établissement d'une régie partielle. Il ne manquera pas de soutenir que les travaux qui lui ont été retirés étaient précisément les plus avantageux et que l'Administration a modifié à son détriment toute l'économie de son marché.

Il pourra ainsi se prévaloir de la hausse des salaires déterminée par la concurrence que lui a faite l'État pour le recrutement des ouvriers employés à la régie.

Quelle sera, d'un autre côté, la partie du matériel de l'entreprise que l'Administration aura le droit de saisir et d'utiliser?

Quels seront les approvisionnements dont elle pourra faire emploi?

Comment réglera-t-on l'usage des chemins et ponts de service et des échafaudages qui pourront être utilisés à la fois par l'entreprise et par la régie?

L'éventualité de telles difficultés dans l'application ne suffirait-elle pas à elle seule pour faire rejeter la régie partielle?

Mais, en outre, la divergence entre le cahier de la Guerre et celui des Ponts et chaussées, lequel ne stipule. expressément dans son article 35 que la mise en régie totale, ne justifie-t-elle pas suffisamment la suppression de cette mesure dans le cahier de 1889?

SECTION III.

Procédure de la mise en régie.

Le directeur, sur la proposition du chef du service, commence par mettre en demeure l'entrepreneur en faute de satisfaire aux obligations de son marché dans un délai déterminé qui, sauf le cas d'urgence, ne doit pas être inférieur à dix jours.

A l'expiration de ce délai, si l'entrepreneur ne s'est pas exécuté, le directeur établit une régie *provisoire* et rend compte au Ministre qui prononce soit la continuation de la régie, soit une réadjudication sur folle enchère, soit la résiliation du marché.

Dès que la régie a été établie par le directeur, le chef du service se substitue à l'entrepreneur ainsi que nous l'avons vu plus haut. Un procès-verbal de l'état d'avance-

ment des travaux ainsi que du matériel, des approvisionnements et des locaux dont il est pris possession, est immédiatement dressé par le directeur, en présence du maire,
du chef du service et de l'agent désigné pour prendre
charge du matériel et tenir les comptes de la régie.

Sommation d'assister à ces opérations est faite à l'entrepreneur.

Cet inventaire est indispensable; la composition de la
Commission chargée de la faire, montre toute l'importance
attachée à cette mesure conservatoire.

La procédure de la mise en régie fait ressortir une
double garantie pour l'entrepreneur :

Il doit être mis en demeure par l'Administration d'exécuter ses obligations dans un délai de dix jours préalablement à toute mesure coercitive, et la régie provisoire établie par le directeur, doit être confirmée par le Ministre
et *précède nécessairement* soit la mise en régie définitive,
soit la réadjudication sur folle enchère, soit la résiliation;
ce dernier point est très important à noter.

SECTION IV.

Mesures de coercition en Belgique et en Italie.

Notre cahier des charges, en ce qui concerne les
mesures coercitives dont nous venons de parler, est
beaucoup plus équitable et plus judicieusement conçu
que le cahier des conditions générales belge.

En Belgique, lorsque les travaux languissent, et que l'entrepreneur ne fait pas usage des moyens propres à assurer leur complet achèvement aux époques déterminées, l'officier constate cet état de choses dans un procès-verbal qu'il adresse au Ministre de la Guerre et dont copie est envoyée à l'entrepreneur.

Le Ministre fixe à l'entrepreneur un terme « fatal endéans lequel » il devra mettre en œuvre tous les moyens nécessaires pour que les conditions d'achèvement de l'entreprise puissent être remplies.

Si, à l'expiration du terme fixé, l'entrepreneur n'a pas complètement satisfait aux ordres reçus, il sera *censé avoir abandonné l'entreprise*, et le Ministre fera achever d'office l'exécution des travaux aux frais et risques de l'entrepreneur, soit par marché d'urgence, soit par *toute autre voie*, en y employant les matériaux approvisionnés qui auraient été acceptés, et le matériel de l'entreprise qu'on aurait jugé convenable de conserver.

L'entrepreneur ne peut réclamer aucune part du bénéfice qui pourrait résulter de l'exécution des travaux d'office, ce bénéfice restant intégralement acquis à l'État. Ainsi donc, lorsque cette sorte de mise en régie est appliquée en Belgique, elle est irrévocable. L'entrepreneur est définitivement exclu de l'entreprise, « il est censé l'avoir abandonnée, » dit l'article 11, et il ne peut, en aucun cas, contrairement à ce qui a lieu en France, être relevé de cette mesure d'office, si par la suite il venait à justifier des moyens nécessaires pour reprendre la direction des travaux.

Mais ce qui dépasse toute limite, c'est que l'entrepreneur n'est même pas admis, comme chez nous, à suivre les opéra tons de cette mesure d'office. Cela du moins n'est dit nulle part dans le cahier belge.

- Cependant les excédents éventuels de dépenses devant être supportés par l'entrepreneur, puisque les travaux sont continués à ses risques et périls, ce serait bien le moins que ce dernier fût autorisé à suivre les opérations faites pour son compte, à la condition expresse bien entendu, de ne pas entraver les ordres donnés par l'Administration, ainsi que cela est stipulé dans notre cahier des charges.

En outre, le Ministre de la Guerre belge peut, à titre de mesure d'office, faire procéder à une nouvelle adjudication à la folle enchère de l'entrepreneur; il se réserve également le droit, sans préjudice de l'application des amendes et pénalités encourues, de résilier le contrat, dans le cas où l'entrepreneur n'exécute pas les clauses du devis et cahier des charges.

Bien entendu, l'entrepreneur ne peut prétendre à aucune indemnité du chef de cette résiliation; il est en faute.

Mais ce qui est exorbitant, point de mise en demeure préalable comme en France, l'échéance du terme en tient lieu.

L'entrepreneur est en demeure, dit en effet l'article 73 du cahier belge, sans qu'il soit besoin d'acte, par le seul fait d'être en défaut ou d'avoir contrevenu aux conditions du devis et cahier des charges.

Le cahier italien est plus rigoureux encore que celui que nous venons d'examiner :

L'article 71 « pénalités contre l'entrepreneur négligent, »
s'exprime en ces termes :

« Quand l'entrepreneur ne remplit pas les conditions du
« contrat ou se rend coupable de fraudes, de négligences
« ou de contraventions aux obligations et conditions stipu-
« lées, la direction du génie, *après sommation faite* à l'en-
« trepreneur aura droit :

« 1° De suspendre les acomptes ;

« 2° D'ordonner l'exécution des travaux pour compte et
« aux frais de l'entrepreneur, sans avis préalable, délai ou
« sommation légale, mettant la main sur tout le caution-
« nement pour faire face aux dépenses et aux dommages
« causés par la faute de l'entrepreneur ;

« 3° De résilier le contrat, en payant à l'entrepreneur
« les travaux régulièrement effectués. »

C'est donc ou la résiliation du contrat pure et simple ou
une sorte de mise en régie qui comprend à la fois notre
mise en régie et la passation d'un marché aux risques et
périls de l'entrepreneur, car l'article précité se contentant
de stipuler que la direction du génie « ordonne l'exécution
des travaux pour compte et aux frais de l'entrepreneur, »
on peut se demander si c'est comme en France l'Administration qui se substitue à l'entrepreneur ou bien si l'État
entend passer un nouveau marché aux risques et périls de
l'ancien adjudicataire, ce qui constitue, nous l'avons vu,
deux mesures bien différentes et ce qui aurait dû faire
l'objet d'une distinction dans le cahier italien, très inférieur au nôtre sur ce point.

CHAPITRE V.

CLAUSE PÉNALE.

La mise en régie, la suspension des travaux, la passation d'un marché aux risques et périls de l'entrepreneur et la résiliation constituent des mesures coercitives appliquées par l'Administration dans le cas où l'entrepreneur ne se conforme pas, dit d'une manière générale l'article 49, soit aux dispositions du marché, soit aux ordres de service qui lui sont donnés.

Avant d'en venir à ces mesures extrêmes, graves pour l'État et pour l'entrepreneur, il est nécessaire que l'Administration ait des moyens d'action plus simples contre ce dernier dans le cas où il n'exécute pas dans les délais prescrits un travail qui lui est commandé.

La clause pénale stipulée à l'article 48 du cahier de 1889 répond à ce desideratum, elle assure l'exécution d'un service déterminé de l'entreprise; au cas où ce résultat ne pourrait être atteint, elle soustrait à l'arbitraire du juge la fixation de l'amende.

La clause pénale, dit l'article 1226, est celle par laquelle une personne pour assurer l'exécution d'une convention, s'engage à quelque chose en cas d'inexécution.

L'article 1230 exige pour que la peine stipulée par la

convention soit encourue par le débiteur qu'il ait été mis en demeure par le créancier.

La clause qui nous occupe déroge à ce principe : l'entrepreneur, en cas de retard, est passible de l'amende sans avoir besoin d'être mis en demeure, par la seule échéance du terme fixé, sans sommation ou acte interpellatif quelconque.

Il est très intéressant d'observer à ce propos que pour les autres mesures coercitives : mise en régie, passation d'un marché aux risques et périls de l'entrepreneur, résiliation, une mise en demeure est toujours nécessaire; elle est stipulée dans le cahier des clauses et conditions générales, et le délai accordé à l'entrepreneur pour satisfaire à ses obligations n'est pas inférieur à dix jours, sauf urgence.

Il est à remarquer que cette stipulation d'amende en cas de retard n'enlève pas à l'État la faculté d'user des autres moyens dont il dispose pour assurer, d'une façon générale, l'exécution du marché.

En effet, aux termes de l'article 1228 du Code civil, le créancier, au lieu de demander la peine stipulée contre le débiteur qui est en demeure, peut poursuivre l'exécution de l'obligation principale.

La clause pénale de l'article 48 *fortifie* donc le lien de l'obligation entre l'entrepreneur et l'État, mais l'Administration reste toujours libre d'avoir recours, *de plano*, à la mise en régie si elle juge que le retard apporté nécessite cette mesure.

L'entrepreneur ne pourrait être fondé à réclamer sur l'irrégularité d'une mise en régie sous prétexte qu'aucune amende ne lui aurait été infligée antérieurement pour cause de retard dans l'exécution des travaux ordonnés.

Cette solution très importante nous paraît absolument conforme aux principes généraux qui régissent la clause pénale en droit commun.

L'article 49 *in fine* dispose : « l'entrepreneur est passible des amendes pour retard prévues à l'article 48, jusqu'au jour de la suspension des travaux ou de la mise en régie ordonnée par le directeur.

Cette dernière prescription est également une conséquence de l'article 1228 précité.

L'Administration peut appliquer la cause pénale jusqu'au jour où elle se décide à poursuivre par d'autres voies l'exécution du marché et à abandonner cette pénalité jugée insuffisante.

En quoi consiste cette clause pénale dont nous venons de parler?

L'entrepreneur est passible, en cas de retard et *sans avoir besoin d'être mis en demeure*, d'une amende basée sur le montant total du service non exécuté à échéance du terme et sur le nombre de jours employés pour la complète exécution.

Cette amende, dont le minimum est fixé au cahier des charges spéciales, ne peut dépasser le dixième du montant total du service en souffrance au jour fixé pour l'achèvement des travaux.

Il existe également en Belgique une clause pénale, mais fondée sur des bases tout autres qu'en France, et qu'il nous a paru intéressant de reproduire en *extenso :*

« Toute contravention aux stipulations contenues soit « dans les présentes conditions générales, dit le cahier « belge, soit dans le devis et cahier des charges de l'en- « treprise, de même que toute infraction aux ordres donnés « par les agents du département de la Guerre, en con- « formité ou en vertu d'une de ces stipulations, sera « constatée par les officiers et gardes du Génie, chargés « de la surveillance spéciale des travaux.

« Les procès-verbaux de contravention sont adressés « en double expédition, dont une est remise au domicile « d'élection de l'entrepreneur, et l'autre envoyée immé- « diatement au Ministre de la Guerre.

« L'entrepreneur peut, dans les six jours qui suivront « la remise des procès-verbaux dressés à sa charge, faire « valoir ses réclamations.

« A l'expiration de ce délai, il pourra être donné aux « procès-verbaux telle suite que de droit, que l'entre- « preneur ait ou qu'il n'ait pas présenté ses moyens de « défense.

« Toute contravention dûment constatée et reconnue « fondée donne lieu de plein droit à une amende de *dix* « *francs* à *cinq cents francs* dont le *montant sera fixé par le* « *Ministre de la Guerre, selon le degré d'importance des* « *faits* qui auront donné lieu à la contravention.

« Si l'entrepreneur ne faisait pas cesser, dans un délai

« qui lui aura été fixé, l'état des choses qui aura donné
« lieu à la rédaction du procès-verbal de contravention, le
« Ministre de la Guerre peut y pourvoir d'office et aux
« frais de l'entrepreneur, nonobstant l'application de l'a-
« mende qu'il aura infligée. »

Il est à peine besoin d'insister sur la rigueur excessive
et l'arbitraire de cette clause, qui trouverait sa place bien
plutôt dans un article de loi pénale que dans une convention.

La clause pénale stipulée dans le cahier des conditions
générales italien se rapproche beaucoup plus de la nôtre
que celle que nous venons de citer.

Comme en France, une mise en demeure préalable n'est
pas obligatoire pour l'administration italienne, mais la
quotité de l'amende encourue n'est pas nécessairement la
même pour tous les marchés.

L'article 11 se borne en effet à dire : Si l'entrepreneur
dépasse les délais fixés pour l'achèvement des travaux, il
sera passible de la *pénalité journalière fixée au contrat*.

Disons maintenant un mot des peines dont l'entrepreneur est passible en cas de mauvais vouloir, négligence ou
fraude, peines exclusivement *applicables* aux adjudicataires de marchés de la Guerre et qui se justifient par des
considérations d'intérêt public et de défense nationale.

Ces pénalités, il est essentiel de le remarquer, ne s'appliquent qu'à des infractions graves impliquant généralement chez leurs auteurs une intention criminelle ou tout
au moins délictueuse.

L'article 51 du cahier de 1889, rappelle que l'entrepreneur est passible d'emprisonnement et d'amende prononcée par les articles 430 et suivants du Code pénal, s'il fait manquer les travaux dont il est chargé, si, par négligence, il occasionne des retards préjudiciables à leur exécution, s'il se rend coupable de fraude, soit sur la nature, soit sur la qualité et la quantité des travaux faits, ou des matériaux fournis, soit sur la main-d'œuvre.

TITRE IV.

RÈGLEMEMENT DES DÉPENSES.

— ◆ —

CHAPITRE I.

RÉCEPTION DES OUVRAGES.

————

La première chose à faire avant de régler les dépenses c'est de voir si les travaux ont été exécutés suivant les règles de l'art et suivant les prescriptions du cahier des charges et les ordres donnés en cours d'exécution. Aussi, il est procédé par le chef du service, à l'examen, et, s'il y a lieu, à la réception de ces ouvrages en présence de l'entrepreneur ou lui dûment appelé.

Cette opération fait l'objet d'une inscription au registre d'ordres. Si l'entrepreneur fait défaut, cette circonstance est mentionnée; il ne peut en aucun cas se prévaloir de son absence.

Si les défectuosités ne permettent pas de prononcer la réception, les causes de l'ajournement sont notifiées à l'entrepreneur.

A.   12

Contrairement à ce qui se passe dans le service des Ponts et chaussées, où il y a toujours une réception *provisoire* et une réception *définitive*, il n'y a, en général, dans les services de la Guerre qu'une réception des travaux.

Toutefois, le marché peut stipuler un délai de garantie ; dans ce cas, la réception n'est prononcée que sous la réserve des recours éventuels à exercer contre l'entrepreneur pendant la durée de la garantie.

Indiquons immédiatement les conséquences de la réception : paiement du solde, remboursement du cautionnement et mainlevée des inscriptions, s'il y a lieu.

La réception des travaux ne décharge pas l'entrepreneur de toute responsabilité vis-à-vis de l'État.

En effet, l'article 47 du cahier de 1889 stipule :

« La réception ne modifie en rien les responsabilités « imposées à l'entrepreneur par l'article 1792 du Code « civil. »

Pourquoi d'abord n'avoir cité que l'article 1792 qui édicte la responsabilité décennale, et pas l'article 2270 qui décharge l'entrepreneur, après dix ans, de la garantie des gros ouvrages qu'il a faits ou dirigés.

L'un de ces articles ne va pas sans l'autre.

Ceci posé, l'article 1792 vise des édifices construits à forfait par des entrepreneurs travaillant sous les ordres d'architectes.

Il résulte des travaux préparatoires du Code civil, qu'en imposant la responsabilité décennale aux architectes et aux entrepreneurs, le législateur a voulu qu'ils fussent poussés à résister aux caprices de propriétaires, qui étant le plus souvent ignorants de l'art de la construction, pourraient exiger certaines dispositions dangereuses et pour leur sûreté personnelle et pour la sûreté publique.

De pareils motifs, principalement basés sur une présomption d'incompétence du maître de l'ouvrage, ne peuvent pas s'appliquer à l'État, légalement représenté par ses ingénieurs ou officiers.

D'ailleurs, les entrepreneurs, contrairement au droit commun, ne sauraient être rendus responsables ni du vice du sol imposé, ni du vice du plan qu'ils ne peuvent discuter, ni même du vice des matériaux qui ont été préalablement reçus par le chef du service.

Dans ces conditions, la responsabilité de l'article 1792 ne saurait être applicable aux travaux de la Guerre.

C'est un épouvantail inutile, qui ne sert qu'à motiver de plus forts rabais dans les adjudications et qui pourrait même donner, dans une certaine mesure, aux entrepreneurs, le droit de discuter les ordres de service relatifs aux travaux, ce qui ne peut être admis.

D'ailleurs, la réduction de la durée de la garantie ne serait pas la seule dérogation au droit commun admise en faveur des entrepreneurs de travaux militaires. On y a dérogé sur d'autres points, et notamment, ainsi que nous l'avons vu, pour les accidents dus à des cas de force majeure, et cela semble bien naturel. On doit tenir grand compte de ce que les entrepreneurs de la Guerre exécutent, sous une surveillance aussi minutieuse qu'éclairée, des travaux arrêtés dans tous leurs détails et auxquels ils ne sauraient apporter de leur chef aucune modification.

CHAPITRE II.

CONSTATATIONS DES DROITS DE L'ENTREPRENEUR.

Généralités. — Sauf pour les marchés à forfait où le prix est fixé en bloc et à l'avance, les comptes sont établis d'après les quantités d'ouvrages *réellement* effectués, et les dépenses réglées d'après les prix de la série appliquées à ces quantités.

Les métrés et pesages relatifs aux travaux exécutés sont faits *contradictoirement* avec l'entrepreneur par les représentants du service, et au fur et à mesure de l'avancement des travaux; ils sont relevés dans des écritures élémentaires qui constatent les droits de l'entrepreneur et qui forment la base de la comptabilité militaire.

Ces écritures élémentaires consistent dans la rédaction de *carnets-journaux* et de *croquis d'attachement.*

Il est d'un intérêt égal pour les deux parties contractantes d'être fixées jour par jour, pour ainsi dire, sur leur situation respective.

Rien de plus conforme à l'équité que cette obligation pour l'entrepreneur d'accepter irrévocablement ou de discuter dans un délai fixé par le cahier des clauses et conditions générales ainsi que nous le verrons plus loin,

les inscriptions faites sur ces carnets ou ces croquis d'attachement rédigés au fur et à mesure de l'avancement des
travaux.

SECTION I.

Carnets-journaux. — Croquis d'attachements.

Les carnets-journaux, cotés et paraphés par le chef du
service, sont destinés à recevoir l'inscription au fur et à
mesure qu'ils sont constatés, de tous les faits relatifs à
l'exécution des travaux pouvant servir d'éléments au compte
des entrepreneurs.

Ces carnets sont tenus par le chef du service ou ses délégués; les inscriptions faites par ordre chronologique, sans
lacune et sans classification comprennent :

Les dimensions, quantités et poids, les métrés, la consommation des matériaux à l'État, le nombre de journées
d'ouvriers.

Ces inscriptions ne comportent aucun décompte en
argent. Elles font ressortir explicitement la nature du travail et les numéros de la série de prix à appliquer.

Les carnets-journaux sont signés à la fin de chaque quinzaine par ceux qui les tiennent, et sont présentés à l'entrepreneur qui les signe par acceptation.

Lorsque l'entrepreneur refuse de signer, il est dressé procès-verbal de la présentation qui lui en est faite; un délai
de dix jours lui est accordé, à dater de cette présentation,

pour formuler par écrit ses observations. Le procès-verbal dont il s'agit tire sa valeur juridique de la qualité officielle du fonctionnaire ou de l'agent qui l'a dressé et signé. Dans le cas où il ne signe qu'avec réserves, le délai de dix jours court de la date de la signature. S'il n'a pas formulé dans ce délai ses réclamations motivées, il est réputé avoir accepté les inscriptions, et il n'est plus recevable à les contester.

Remarque importante : les inscriptions au carnet ne forment titre pour l'entrepreneur qu'après l'apposition du visa du chef du service constatant que lesdites inscriptions ont été reportées au registre de comptabilité.

Le relevé des éléments des métrés est effectué en présence de l'entrepreneur.

Les cotes et dimensions telles qu'elles doivent figurer dans les calculs du métré sont inscrites sans délai sur des croquis d'attachements. Ces croquis sont reportés au carnet-journal ou font l'objet de feuilles spéciales suivant leur importance.

Dans les cas de métrés simples, pour les parties accessibles dont les dimensions peuvent être mesurées sur place après l'achèvement des travaux, on peut se dispenser de croquis.

L'entrepreneur peut consulter, dans les bureaux, les carnets et croquis, et peut même en faire prendre copie.

De même que pour les carnets, lorsque l'entrepreneur refuse de signer ou ne signe que sous réserves les croquis d'attachements, procès-verbal est dressé de la présentation

qui lui en est faite, et un délai de dix jours lui est accordé,
sous peine de forclusion, pour formuler par écrit ses réclamations.

SECTION II.

Registre des travaux exécutés. — Registre de comptabilité.

Ces écritures élémentaires que nous venons d'examiner :
carnets-journaux et croquis d'attachements, rédigés au
jour le jour, et au fur et à mesure de l'avancement des travaux forment, réunis au registre des ordres de service,
comme le livre tenu à bord des navires et où sont consignées par ordre chronologique toutes les circonstances du
voyage.

Tenues pour ainsi dire contradictoirement, ces écritures, sont d'une utilité incontestable pour le règlement
des litiges qui peuvent s'élever, soit en cours d'exécution,
soit en fin de marché; elles constituent une sorte d'acte
synallagmatique fixant les droits respectifs de l'entrepreneur et de l'État.

Malheureusement toutes ces pièces sont détachées et ne
forment pas un tout : pour une même entreprise, bien
plus, pour un même ouvrage, il faut se référer à un nombre considérable de carnets, lesquels renvoient à un
nombre non moins considérable de feuilles spéciales d'attachements.

Il en résulte que les recherches sont longues et péni-

bles, que les concordances entre les métrés et les attachements sont souvent difficiles à établir et que tous ces éléments importants pour le jugement à intervenir ne peuvent être présentés au juge du fond avec toute la précision
et toute la clarté désirables, au grand détriment de l'État.

Rien ne serait plus aisé, cependant, que de réunir tous
ces documents épars en un même registre, coté et paraphé
par le directeur, et signé pour vérification et acceptation à
chaque page par le chef du service et par l'entrepreneur.

Il résulterait de la tenue de ce *registre des travaux exécutés*, s'il était adopté, un surcroît de travail et de dépenses pour l'Administration, c'est incontestable ; mais
nous estimons que l'État y trouverait encore un gros bénéfice en faisant apparaître ainsi aux yeux les moins exercés,
d'une façon nette, claire et précise, des preuves qu'on
n'obtient le plus souvent qu'au moyen de laborieuses, pour
ne pas dire infructueuses recherches, ou au moyen d'expertises plus ou moins bien faites et très souvent fort onéreuses pour l'État.

Le registre de comptabilité est destiné à recevoir l'inscription des dépenses dont les carnets-journaux forment
les éléments.

Ce registre, coté et paraphé par le directeur, est divisé
en autant de parties qu'il y a de subdivisions budgétaires.
Des comptes spéciaux y sont ouverts à chaque entreprise.

Tous les éléments de dépense inscrits sur les carnets sont
récapitulés par numéro de la série ou du devis. Les résultats de cette récapitulation sont portés au registre en sui-

vant l'ordre des numéros. Les quantités totales comprises
sous chaque numéro sont décomptées d'après le prix de la
série ou du devis, et les sommes ainsi obtenues sont tota-
lisées.

Chaque inscription au registre de comptabilité doit se
référer aux numéros et aux pages du carnet-journal, d'où
elle est extraite.

Les arrêtés du registre sont, après vérification de leur
concordance avec les carnets, signés par le chef du service
et par les entrepreneurs en fin de travail et d'exercice.

CHAPITRE III.

DÉCOMPTES, PAIEMENTS, LIQUIDATION.

———

Les carnets et attachements constatent, comme nous venons de le voir, les droits de l'entrepreneur et servent de base à la comptabilité.

C'est d'après ces droits constatés que seront établis les décomptes.

Ces décomptes, à leur tour, vont servir de base aux paiements à faire à l'entrepreneur.

Il y a deux espèces de décomptes, qu'il importe de bien distinguer : les décomptes provisoires et les décomptes définitifs.

Tous les deux mois, ou plus souvent, si l'Administration le juge utile, l'entrepreneur reçoit des acomptes.

Toutefois, l'État opère sur les sommes dont il se reconnait débiteur, une *retenue de garantie* dont la quotité varie du sixième au douzième, suivant qu'il s'agit de travaux ordinaires ou de travaux extraordinaires.

Ces acomptes en cours d'exécution, ont le grand avantage de venir en aide aux entrepreneurs en diminuant d'autant les sommes que ceux-ci pourraient être obligés d'emprunter et cela sans faire courir aucuns risques à l'État, puisque ,

ainsi que nous allons le voir, ces acomptes représentent à
la retenue de garantie près, les sommes correspondant aux
travaux réellement exécutés et aux matériaux approvisionnés et provisoirement reçus par le chef du service.

Notre système si rationnel, de payer à l'entrepreneur des
acomptes à époques à peu près fixes, et en cours d'exécution des travaux, n'est pas pratiqué en Belgique.

Les travaux ne sont payés aux entrepreneurs belges,
qu'après réception, par suite à des époques indéterminées,
et sans tenir compte ni des travaux réellement exécutés ni
des approvisionnements existant sur les chantiers.

En effet, l'article 60 du cahier des conditions générales
s'exprime ainsi :

« Le paiement de l'entreprise est effectué suivant les
« conditions du devis et cahier des charges, par des ordon-
« nances créées au profit de l'entrepreneur, payable sur une
« des caisses du trésor de l'État, et délivrées dans les *trente*
« *jours,* après la date du *certificat de réception des travaux,*
« si les pièces comptables sont trouvées en règle. »

Au contraire, le système d'acomptes allemand et italien
se rapproche beaucoup du nôtre :

En Allemagne, des acomptes sont accordés à l'entrepreneur à des distances convenables les uns des autres,
proportionnellement aux travaux exécutés et pour un montant dont le directeur des travaux peut *assumer avec certitude* la responsabilité.

En Italie, au fur et à mesure que sont vérifiées les quantités et qualités des travaux effectués, on fait à l'entrepre-

neur des paiements en acomptes qui ne doivent pas dépasser les 9/10 ou les 19/20 des travaux réellement faits
suivant que le marché est inférieur ou supérieur à 50,000
lires.

Pour les marchés supérieurs à 50,000 lires, on comprend
dans le calcul des acomptes la moitié de la valeur des matériaux se trouvant à pied d'œuvre et reconnus propres à
être employés par le directeur des travaux.

Les sommes retenues sur les différents acomptes sont
payées à l'entrepreneur avec le solde de son compte.

De même qu'en France ces retenues servent de garantie
à l'État qui a sur ces sommes les mêmes droits que sur le
cautionnement.

Comment sont payés en France, les différents acomptes
délivrés à l'entrepreneur?

Au moyen des décomptes provisoires.

Pour les établir, le chef du service évalue au moyen du
registre de comptabilité, des inscriptions aux carnets pour
les travaux non relevés audit registre et du métré approxi-
matif des ouvrages exécutés et non encore inscrits, l'importance de tous les travaux faits depuis le dernier acompte
délivré à l'entrepreneur.

A cette dépense, il ajoute celle correspondant aux approvisionnements qui, se trouvant à pied d'œuvre, lui ont
paru susceptibles d'être utilisés, et il arrive ainsi à une
certaine somme qu'il pourra faire ordonnancer au profit de
l'entrepreneur après en avoir déduit toutefois le montant
de la retenue de garantie.

Ces décomptes, n'ont et ne peuvent avoir, au point de vue comptabilité, que le caractère de pièces provisoires et d'ordre intérieur, destinées à donner au directeur, ordonnateur secondaire, le moyen de vérifier que les dépenses ont été réellement faites et qu'il peut délivrer le mandat : ils n'ont pas d'autre importance.

Sous l'empire des règlements antérieurs, les acomptes délivrés aux entrepreneurs en cours d'exécution ne devaient être établis que d'après les travaux métrés et inscrits aux carnets. Cette manière d'opérer se traduisait en définitive par des avances de fonds souvent considérables faites par l'entrepreneur à l'État.

En effet, presque toujours et par la force même des choses, métrés et inscriptions sont faits en retard par rapport aux travaux réellement exécutés.

Cette innovation est donc excellente.

A la fin de chaque exercice, ou quand l'entreprise est terminée, il y a lieu alors d'établir un décompte définitif qui constitue soit le règlement de l'exercice. soit le règlement général de l'entreprise.

Ce décompte définitif comprend, par numéro de la série de prix ou du devis, le total des quantités inscrites sur le registre de comptabilité et le total en argent de chaque article; il fait ressortir la somme à ordonnancer représentant le montant de la créance de l'entrepreneur.

Il est fait de ce décompte une minute et deux expéditions abrégées.

La minute contient les références nécessaires pour permettre de remonter aux inscriptions du registre de comptabilité qui en sont les éléments. Elle est présentée à l'acceptation de l'entrepreneur; si ce dernier refuse de signer, ce refus est constaté par un procès-verbal.

Dans ce dernier cas, ainsi que dans celui où il ne signe qu'avec des réserves, l'entrepreneur doit, dans un délai de vingt jours, formuler par écrit les réclamations qu'il croit devoir faire. Passé ce délai, il est censé avoir accepté le décompte.

Ce délai de vingt jours est tellement court qu'on ne peut exiger de l'entrepreneur un mémoire complet relatant toutes les circonstances qu'il peut invoquer et tous les arguments qu'il peut fournir.

Il suffit que la réclamation indique nettement tous les points contestés, sur chaque point, le montant des sommes réclamées et les raisons succinctes sur lesquelles elle s'appuie.

Il ne suffirait pas de produire une réclamation en bloc dans le délai prescrit, pour échapper à la déchéance établie par l'article 54 du cahier de 1889.

Il doit être bien entendu que l'acceptation sans réserves du décompte définitif entraîne déchéance de toute demande ultérieure d'indemnités. Plusieurs arrêts du Conseil d'État (28 juillet 1882, Gulpa; 16 mars 1883, Chabanel) ne laissent aucun doute à cet égard.

Toutefois, l'entrepreneur peut encore être admis dans les six mois qui suivent la date à laquelle le décompte a été arrêté, conformément aux prescriptions du décret de

1806, à élever des réclamations pour *omissions* ou *erreurs matérielles*.

Passé ce nouveau délai, la déchéance est complète et l'entrepreneur ne peut plus élever au sujet du décompte aucune réclamation quel qu'en soit l'objet.

Les décomptes acceptés ou réputés tels, qui sont définitifs au regard de l'entrepreneur, le sont-ils également au respect de l'État?

Le Ministre ayant seul qualité pour liquider les créances à la charge du Trésor, ce n'est qu'après vérification des comptes par le Ministre que l'acceptation du décompte par l'entrepreneur pourra être considérée comme définitive.

Si le décompte est erroné, il va de soi que l'entrepreneur aura de nouveau les délais accordés par l'article 54, pour produire ses réclamations.

Le paiement pour solde des travaux, a lieu après approbation par le Ministre, du décompte définitif.

Ce paiement doit être fait au plus tard dans un délai de six mois après la réception des travaux.

Dans le cas où, en raison de contestations sur le montant du solde, l'entrepreneur refuserait de le recevoir, le versement qui en serait fait à la Caisse des dépôts et consignations libèrerait l'État de toute obligation relative aux délais de paiement.

L'article 59 du cahier des clauses et conditions générales dispose : « Il n'est jamais alloué d'indemnité sous « aucune dénomination, pour retard de paiement pendant

« l'exécution des travaux et pendant une période de six
« mois après leur réception. »

Il est rationnel que les paiements ne pouvant être faits
qu'au fur et à mesure des fonds disponibles, l'Administration ne soit pas obligée d'allouer une indemnité à l'entrepreneur pour retard, en cours d'exécution.

D'ailleurs, ces retards de paiement sont exceptionnels,
ils ne peuvent jamais être bien longs, et l'allocation d'intérêts serait contraire aux principes, attendu que tant
qu'un ouvrage n'est pas livré, le prix n'en est véritable-
ment pas dû.

Si l'on entrait dans cette voie on s'expose..... à de
sérieuses difficultés, car les entrepreneurs ne manqueraient
pas de soutenir que les sommes qui leur sont dues et qui
doivent être productives d'intérêt dépassent les chiffres
accusés par les décomptes provisoires.

Mais il en est autrement dans le cas où l'entrepreneur
ne peut être entièrement soldé dans les six mois qui suivent la réception des travaux, il a droit à une indemnité,
et c'est de toute équité.

Mais quelle est cette indemnité, sur quelle base est-elle
calculée?

Comme il s'agit ici d'une somme d'argent déterminée,
il faut conclure, d'après les principes généraux du droit
commun, qu'elle sera exactement la représentation des
intérêts de cette somme calculée au taux légal de 5 p. 0/0
pendant le temps qui s'écoulera depuis ces six mois jusqu'au jour du paiement intégral.

L'article 1153 du Code civil stipule en effet que dans les obligations qui se bornent au paiement d'une certaine somme, les dommages et intérêts résultant du retard dans l'exécution ne consistent jamais que dans la condamnation aux intérêts fixés par la loi.

Aux termes de ce même article 1153, les intérêts n'étant dus que du jour de la demande en justice, l'entrepreneur devra former devant qui de droit une demande d'intérêts, aussitôt après l'expiration du délai de six mois fixé par l'article 59 du cahier des clauses et conditions générales.

D'ailleurs, ce délai de six mois nous paraît un peu long, et nous constatons que le cahier des Ponts et chaussées s'éloigne encore sur ce point du cahier de la Guerre, en fixant seulement à trois mois le délai à partir duquel l'entrepreneur a droit aux intérêts des sommes qui lui sont dues.

Pour terminer ce qui est relatif au règlement des dépenses, disons un mot de la liquidation par le Ministre et de la manière dont les paiements sont effectués.

La comptabilité de chaque exercice est adressée par le directeur au Ministre.

Les pièces à joindre à chaque comptabilité en vue de la liquidation, sont les pièces du marché, la minute et les deux expéditions du décompte définitif.

Les comptes sont examinés dans les bureaux du ministère; après vérification, les pièces du marché et la minute du décompte définitif sont renvoyées au directeur qui est alors autorisé à payer le solde à l'entrepreneur.

A.   13

La liquidation par le Ministre n'est pas seulement une opération de comptabilité comme on pourrait le croire d'après ce que nous venons de dire, elle ne se borne pas à apurer les comptes, à prononcer s'il y a lieu les déchéances encourues, elle a surtout pour objet de reconnaître définitivement la créance de l'entrepreneur sur l'État.

L'article 70 du décret du 3 avril 1869 dispose en effet :

« Aucune créance ne peut être définitivement liquidée « à la charge du département de la Guerre que par le « Ministre, l'établissement du droit constaté, avant paie- « ment, par les ordonnateurs ordinaires, ne dispensant, « dans aucun cas, de la liquidation ministérielle. »

La liquidation ministérielle donne ouverture à un recours contentieux devant les tribunaux administratifs; mais l'entrepreneur ne peut, pour se faire payer, exercer aucun moyen de contrainte vis-à-vis de l'État qui, réputé solvable et honnête homme, paie toujours volontairement.

Les dépenses relatives aux marchés de travaux militaires sont soldées aux moyens de mandats ou ordonnances de paiement délivrés sur la caisse d'un comptable du Trésor public.

Il y a des mandats d'acompte et des mandats pour solde, en fin d'entreprise. Tous ces mandats doivent être accompagnés de certaines pièces qui varient suivant qu'il s'agit d'un mandat de la première espèce cu de la seconde.

Les pièces justificatives à mettre à l'appui du premier mandat d'acompte du premier exercice sont :

1° La copie de la décision approbative des travaux;

2° Un extrait du procès-verbal d'adjudication;

3° Un extrait du cahier des charges spéciales;

4° Un certificat de réalisation du cautionnement.

Sur le premier mandat d'acompte des exercices suivants, il suffit de rappeler le numéro et la date du mandat à l'appui duquel ces justifications ont été jointes.

Dans tous les cas, il faut un *décompte* du service fait indiquant la somme à ordonnancer.

Le paiement pour solde se fait au moyen d'un mandat auquel doivent être jointes les pièces justificatives ci-dessous :

1° Copie de la décision approbative des travaux;

2° Le procès-verbal d'adjudication enregistré;

3° Le cahier des charges spéciales;

4° Le certificat de réalisation du cautionnement;

5° La série des prix;

6° Le décompte définitif timbré.

Rappelons enfin le principe de la déchéance quinquennale applicable à l'entrepreneur qui ne s'est pas fait payer dans un délai de cinq ans après l'ouverture de l'exercice pendant lequel la créance est née; à moins que le retard ne provienne du fait de l'Administration ou d'un pourvoi devant le Conseil d'État.

Cette déchéance édictée par la loi du 29 janvier 1831, art. 9, aussi bien que les déchéances spéciales du cahier de 1889 que nous avons étudiées, ne peuvent être opposées que par le Ministre; et les tribunaux administratifs ne pourraient invoquer contre l'entrepreneur une déchéance que le Ministre n'aurait pas soulevée.

TITRE V.

CONTESTATIONS.

—◦◦◦—

CHAPITRE I.

JUGEMENT DES CONTESTATIONS. — NÉCESSITÉ DU RECOURS HIÉRARCHIQUE PRÉALABLE.

———

L'article 4 de la loi du 28 pluviôse an VIII donne aux Conseils de préfecture le droit de prononcer sur les difficultés qui pourraient s'élever entre les entrepreneurs de travaux publics et l'Administration concernant le sens ou l'exécution des clauses de leurs marchés.

Les travaux militaires étant essentiellement des travaux publics, c'est donc le Conseil de préfecture qui est compétent.

Cette compétence du Conseil de préfecture étant d'ordre public, l'on ne pourrait y déroger par des conventions particulières (article 6 du Code civil).

De plus, c'est devant le Conseil de préfecture du lieu

où sont exécutés les travaux, que doivent être portées les contestations.

Toutefois, le Conseil de préfecture ne juge qu'en premier ressort et les parties peuvent interjeter appel des arrêtés de ce tribunal devant le Conseil d'État.

Deux principes essentiels dominent tout le contentieux en matière de marchés de travaux militaires.

Le premier, c'est que toutes les difficultés qui peuvent s'élever entre l'entrepreneur et l'État concernant le sens ou l'exécution des clauses de ce marché, est de la compétence exclusive des tribunaux administratifs.

Le deuxième, c'est qu'un recours gracieux au Ministre doit toujours être formé par l'entrepreneur *préalablement* à tout recours contentieux.

Ce dernier principe est consacré par l'article 62 du cahier des clauses et conditions générales de 1889, lequel stipule que l'entrepreneur doit adresser au Ministre un mémoire où il indique les motifs et le montant de ses réclamations et que, si le Ministre ne les admet pas, l'entrepreneur *peut* en saisir le Conseil de préfecture, sauf recours au Conseil d'État.

Cette obligation pour l'entrepreneur de s'adresser d'abord au Ministre avant toute action devant les tribunaux administratifs constitue pour l'État un privilège des plus importants.

En effet, le dépôt préalable du mémoire de l'entrepreneur permet à l'Administration d'étudier les réclamations, d'y faire droit, s'il y a lieu, d'éviter ainsi des procès, et entraîne dans tous les cas, des délais qui ne peuvent être que fort utiles au Ministre.

Il existe, au ministère des Travaux publics, un *Comité du contentieux et d'études juridiques*, chargé d'étudier les réclamations des entrepreneurs et d'émettre un avis sur la suite qu'elles peuvent comporter.

Ce Comité, composé d'ingénieurs et de jurisconsultes, n'a pas d'analogue au ministère de la Guerre, où sa création s'imposerait cependant pour les mêmes raisons qu'au ministère des Travaux publics.

Cette nécessité du recours préalable au Ministre n'existe ni en Allemagne ni en Italie.

En Italie, ainsi que nous le verrons plus loin, les contestations sont soumises au Commandement territorial avant d'être réglées par la voie de l'arbitrage.

En Allemagne, les contestations relatives à l'exécution du contrat doivent, en premier lieu, être soumises à l'autorité qui a sanctionné ce contrat, avant d'être portées devant le tribunal arbitral.

Mais en Belgique nous retrouvons la même obligation qu'en France; l'article 39 du cahier des conditions générales belges stipule en effet :

« Les contestations qui peuvent survenir entre l'entre-
« preneur et le commandant du Génie sur l'exécution des
« clauses et conditions du devis et cahier des charges,
« doivent avant toute instance judiciaire, être soumises
« à la décision du Ministre de la Guerre. »

« Les requêtes ou réclamations de l'entrepreneur doi-
« vent, sous peine de déchéance, être adressées et envoyées
« directement au Ministre de la Guerre dans les six jours
« à partir de la consommation du fait qui a pu y donner
« lieu. »

Ce délai de six jours est réellement insuffisant.

En France, l'entrepreneur a trente jours pour adresser
ses réclamations au Ministre de la Guerre; à dater de la
signification qui lui a été faite de la décision du directeur
sur lesdites réclamations.

. Il peut arriver en France que l'entrepreneur saisisse les
tribunaux administratifs de chefs de réclamation dont
il n'est pas fait mention dans le mémoire adressé au
Ministre. Si l'Administration exige que l'entrepreneur lui
soumette ses réclamations avant de les porter devant la
juridiction compétente, c'est, comme nous venons de le
voir, afin de pouvoir y faire droit dans le cas où elles
seraient reconnues fondées et de prévenir les procès par
des transactions équitables.

Il est donc essentiel que l'Administration soit informée
de tous les chefs de réclamation que l'entrepreneur croit
devoir formuler.

Aussi nous demandons que l'on ajoute à l'article 62 du
cahier de 1889 la clause suivante :

L'entrepreneur ne pourra porter devant la juridiction
contentieuse que les *griefs énoncés* dans le mémoire
adressé au Ministre.

Le Ministre est-il obligé de faire connaître à l'entrepreneur sa décision et dans quel délai?

Le décret du 2 novembre 1864 assimilant par une fiction légale à une décision de rejet, le silence du Ministre pendant quatre mois depuis la réception du mémoire, l'entrepreneur pourra se pourvoir au bout de ce temps devant le Conseil de préfecture sans attendre plus longtemps la décision ministérielle.

« Si le Ministre, dispose l'article 62, n'a pas fait con-
« naître sa réponse dans un délai de trois mois, à dater de
« la remise du mémoire au directeur, l'entrepreneur peut
« encore saisir le Conseil de préfecture; mais seulement
« après l'expiration du délai sus-mentionné, et dans les
« trente jours qui suivent. »

Cette prescription qui autorise l'entrepreneur à considérer au bout de trois mois au lieu de quatre, ses réclamations comme non admises et à saisir desdites réclamations le Conseil de préfecture, est valable bien que non conforme au décret du 2 novembre 1864.

Si le Ministre, en effet, ne peut pas augmenter le délai, il est toujours libre de le diminuer dans les conventions qu'il passe avec les tiers.

Quoi qu'il en soit, la formalité préalable du recours hiérarchique au Ministre entraîne des lenteurs qui peuvent être très préjudiciables à l'entrepreneur et, par contre, très favorables à l'État.

Ces lenteurs sont encore accentuées par la nécessité où se trouve l'entrepreneur, d'adresser d'abord ses réclamations au chef du service, puis au directeur, et enfin d'attendre la notification des décisions de ce dernier, avant de se pourvoir devant le Ministre.

Dans le cahier des Ponts et chaussées, le délai de trois mois court à partir de la remise du mémoire au Préfet, ce qui nous semble plus équitable.

La nécessité de ce recours hiérarchique n'existe que pour les réclamations au fond, et l'entrepreneur peut toujours introduire *de plano* une demande devant le Conseil de préfecture tendant à obtenir, dans les cas urgents, des mesures conservatoires.

Le Conseil de préfecture statue dans ces cas comme juge de référé, suivant les prescriptions de l'article 24 de la loi du 22 juillet 1889.

Il est important de remarquer qu'aux termes de l'article 62 du cahier de 1889, le recours hiérarchique est obligatoire pour les réclamations relatives aux ordres de service, aux inscriptions, aux croquis d'attachements, et aux décomptes annuels et définitifs, et que lesdites réclamations doivent être portées devant le Conseil de préfecture compétent *dans un délai de trente jours* à dater de la notification de la *décision du Ministre.*

Cette clause est conçue dans des termes trop généraux et a l'inconvénient de s'appliquer non seulement aux réclamations finales auxquelles peut donner lieu le décompte définitif de l'entreprise; mais encore aux réclamations que l'entrepreneur peut avoir à formuler pendant le cours de son entreprise relativement aux ordres, aux inscriptions, aux métrés, aux décomptes annuels, etc...

On oblige ainsi l'entrepreneur à porter immédiatement devant le Conseil de préfecture tous les griefs formulés au cours de l'entreprise que le Ministre aurait écartés et *on ferme la porte aux transactions* qui *pourraient se produire* au moment du règlement définitif et dont on fait largement usage et avec raison dans le service des ponts et chaussées.

C'est seulement quand *l'entreprise est terminée* que l'Administration a *réellement intérêt* à imposer à l'entrepreneur un *délai de forclusion*, et il convient de ne le prescrire que pour les réclamations finales que provoque le décompte définitif de l'entreprise, ainsi que cela a lieu dans le service des ponts et chaussées, dont le cahier des clauses et conditions générales stipule article 51, 3ᵉ alinéa :

« Si, dans le délai de six mois à dater de la notification
« de la décision ministérielle intervenue sur les récla-
« mations auxquelles a donné lieu le décompte général
« et définitif de l'entreprise, l'entrepreneur n'a pas porté
« ses réclamations devant le tribunal compétent, il sera
« considéré comme ayant adhéré à ladite décision et toute
« réclamation se trouvera éteinte.

Dans ces conditions, l'entrepreneur qui au cours du marché a déjà formulé et précisé ses réclamations n'aurait plus alors qu'à se demander s'il doit accepter ou non la décision définitive de l'Administration et à rédiger, en cas de refus, le mémoire introductif d'instance qu'il a à présenter au Conseil de préfecture.

Nous avons vu que la mise en régie et la résiliation des marchés dans les conditions prévues par le cahier des clauses et conditions générales, sont des actes d'autorité qui échappent à la juridiction des Conseils de préfecture en ce sens que ces tribunaux ne peuvent pas annuler la décision prise par l'Administration, mais ils restent compétents pour en *apprécier les conséquences* et allouer aux intéressés tels dommages-intérêts que de droit dans les cas où ces mesures auraient été prises irrégulièrement en la forme ou reposeraient au fond sur des motifs erronés, à charge par l'entrepreneur d'en rapporter la preuve.

Le Conseil de préfecture ne peut connaître que des difficultés qui s'élèvent entre l'entrepreneur et l'administration, dit la loi de pluviôse an VIII. Il faut en conclure que tout litige survenant à propos du marché, mais entre l'entrepreneur et des tiers qui n'y figurent pas, est de la compétence des tribunaux de droit commun. Par exemple, les contestations qui peuvent naître à propos de sous-traités même autorisés par l'Administration, doivent être portées devant les tribunaux civils. Il en est de même des contestations relatives à la fourniture de matériaux, aux avances de fonds faites par des tiers à l'entrepreneur.

Toutefois, dans le cas où le jugement à intervenir sur les difficultés existant entre l'entrepreneur et les tiers, pourrait réagir contre l'Administration, l'affaire devrait être portée devant la juridiction administrative. Telle est la jurisprudence du Conseil d'État.

Par exemple, un entrepreneur sortant cède son matériel au nouvel adjudicataire, la convention relative à cette cession intéresse l'Administration, et les contestations qui pourraient se produire de ce chef, sont de la compétence des tribunaux administratifs.

Enfin, dans le cas où, contrairement à ce que nous avons proposé, on maintiendrait l'application aux travaux militaires des articles 1792 et 2270 du Code civil, comme il s'agit toujours de savoir si les travaux ont été bien ou mal exécutés, c'est-à-dire si les clauses du marché ont été ou non observées, les contestations relatives à la responsabilité décennale de l'entrepreneur seraient de la compétence des tribunaux administratifs.

Comme complément de ce que nous venons de dire relativement au jugement des contestations qui peuvent s'élever entre l'entrepreneur et l'Administration, il nous paraît indispensable de donner, sinon les détails de la procédure à suivre devant le Conseil d'État et les Conseils de préfecture, ce qui nous entraînerait trop loin, du moins les caractères généraux de la procédure devant ces deux tribunaux administratifs.

Tout d'abord, il est essentiel de remarquer que la procédure devant les Conseils de préfecture, régie par la loi du 22 juillet 1889 ressemble beaucoup à celle suivie devant le Conseil d'État et dont les règles se trouvent dans les décrets des 22 juillet 1806, 2 novembre 1864, 2 août 1879 et dans l'ordonnance du 18 janvier 1826.

On peut même dire qu'il existe pour ces deux tribunaux une procédure administrative dont les caractères essentiels sont à peu près identiques.

La caractéristique de cette procédure spéciale, différente de la procédure civile, ressort des règles ci-dessous applicables aussi bien aux Conseils de préfecture qu'au Conseil d'État :

1° L'instance est introduite au moyen d'une *requête en demande* adressée au juge administratif, et non au moyen d'un ajournement signifié au défendeur.

2° L'instruction de l'affaire, au lieu d'être faite par les parties elles-mêmes comme dans la procédure civile est dirigée par le juge, ce qui est à la fois plus expéditif et moins coûteux.

3° Toutes les pièces de l'instruction sont écrites et contiennent les conclusions des parties et leurs moyens.

4° Le jugement est toujours rendu sur rapport, ce qui est l'exception en matière civile.

C'est la section du Contentieux qui dirige l'instruction au Conseil d'État. La discussion préalable et approfondie à laquelle sont soumises les affaires dans cette section donne aux deux parties de sérieuses garanties.

Dans les Conseils de préfecture, c'est le Conseil tout entier qui a la direction de l'instruction.

Dès que la requête introductive d'instance a été enregistrée au greffe, un rapporteur est désigné pour chaque affaire soit par le président de la section du Contentieux, soit par le président du Conseil de préfecture.

La requête en demande est notifiée au défendeur par voie administrative, ce qui constitue une économie. *La requête en défense* et *les répliques*, s'il y a lieu, sont faites et signifiées de la même manière que la requête en demande. Les parties peuvent prendre connaissance des différentes productions de l'instance.

D'ailleurs, les tribunaux administratifs ont le droit d'ordonner toutes les mesures d'instruction qu'ils jugent nécessaires, telles que : expertises, enquêtes, visites des lieux, vérifications d'écritures.

En ce qui concerne les expertises, dont il est fait un fréquent usage en matière de travaux, le Conseil de préfecture peut les ordonner sur des points déterminés soit d'office, soit sur la demande des parties ou de l'une d'elles.

L'expertise est faite par trois experts, à moins que les parties ne consentent qu'il y soit procédé par un seul. Si l'expertise est confiée à trois experts, l'un d'eux est nommé par le Conseil de préfecture, et chacune des parties est appelée à nommer son expert. Les fonctionnaires qui ont exprimé une opinion dans l'affaire litigieuse ou qui ont pris part aux travaux qui donnent lieu à la contestation ne peuvent être désignés comme experts.

Les parties doivent être averties par les experts des jours et heures auxquels il sera procédé à l'expertise, leurs observations faites sur place doivent être consignées dans le rapport des experts.

S'il y a plusieurs experts ils dressent un seul rapport; s'ils sont d'avis différents, ils indiquent l'opinion de chacun d'eux et les motifs à l'appui.

Si le Conseil ne trouve pas dans le rapport des experts des éclaircissements suffisants il peut les faire comparaître devant lui et leur demander de fournir les explications et renseignements nécessaires; mais il n'est pas obligé de suivre leur avis.

Lorsque l'instruction est terminée et que l'affaire est en état d'être jugée, le rapporteur rédige son rapport, lequel est transmis au commissaire du Gouvernement (maître des requêtes au Conseil d'État, secrétaire général de la préfecture dans les Conseils de préfecture).

L'intérêt public étant toujours en jeu dans les juridictions administratives, le commissaire du Gouvernement doit donner ses conclusions.

Le rapport est lu en séance publique, soit devant le Conseil de préfecture, soit devant l'assemblée du Contentieux laquelle comprend, outre les membres de la section du Contentieux, six autres membres pris dans les autres sections du Conseil.

Après la lecture de ce rapport, les parties peuvent présenter des observations orales à l'appui de leurs conclusions écrites, et le ministère public est entendu en ses conclusions. La décision est lue en audience publique après délibéré hors la présence des parties.

On peut attaquer devant le Conseil d'État, par la voie de l'appel, les arrêtés des Conseils de préfecture, dans le délai de deux mois à dater de la notification lorsqu'ils sont contradictoires et à dater de l'expiration du délai d'opposition quand ils ont été rendus par défaut. Le recours doit être formé par le ministère d'un avocat au Conseil d'État.

Enfin, il faut signaler un triple privilège de l'État plaidant devant la juridiction administrative.

1° Dans toute instance, les pièces sont déplacées pour être communiquées à l'Administration, tandis qu'en principe, pour l'entrepreneur la communication se fait sans déplacement.

2° En matière de travaux de la Guerre, les pourvois sont toujours communiqués au Ministre qui donne son avis.

Cet avis constitue un élément non négligeable de l'instruction, cependant il faut reconnaître que le Conseil d'État passe souvent outre et conserve en tous cas une indépendance complète.

3° Le Ministre de la Guerre peut signer lui-même les pièces de l'instruction écrite, sans avoir besoin de passer par un avocat au Conseil d'État, lequel est absolument indispensable à l'entrepreneur.

Il est vrai d'ajouter que pour les observations orales, le ministère d'un avocat au Conseil d'État est nécessaire au Ministre.

A.

14

CHAPITRE II.

JURIDICTIONS COMPÉTENTES EN ALLEMAGNE, EN BELGIQUE ET EN ITALIE.

Pour terminer cette étude, nous allons jeter un coup d'œil sur les juridictions compétentes en matière de marchés de travaux militaires en Allemagne, en Italie et en Belgique.

Cet examen, si succinct qu'il soit, ne sera pas sans utilité, et nous donnera l'occasion, à propos de la Belgique, de présenter quelques considérations sur la compétence administrative française.

En Allemagne, les contestations relatives à l'exécution des clauses et obligations spécifiées dans le contrat doivent en premier lieu être soumises à l'autorité qui a sanctionné le contrat, si elles n'ont pu être réglées à l'amiable.

On peut en appeler de la décision de cette autorité à celle d'un tribunal arbitral, sans toutefois que les travaux puissent être interrompus.

Pour la composition et la procédure devant le tribunal arbitral, on s'en tient aux prescriptions de la procédure civile allemande du 30 janvier 1877.

Pour le choix des arbitres, on se réfère aux dispositions annexées au contrat.

Si les arbitres déclarent aux parties que leurs voix sont partagées, on leur adjoint un président.

La nomination de ce président, à défaut de conventions contraires, est faite par l'intendant d'une région de corps d'armée voisine de celle où les travaux sont exécutés.

Pour les questions litigieuses que ne peut trancher le tribunal arbitral, l'entrepreneur doit s'adresser à la juridiction la plus voisine de l'administration qui a sanctionné le contrat.

Il ressort de ce que nous venons de dire qu'il y a en Allemagne un mélange de juridiction administrative et civile, qui met l'entrepreneur, ainsi que nous allons le voir pour l'Italie, à la merci de l'État.

Le cahier des conditions générales italien stipule, article 73 :

« Les constatations administratives étant faites, con-
« formément à l'article 22 du règlement sur les travaux
« du génie militaire, approuvé par décret royal du 8 juil-
« let 1883, si l'entrepreneur ne se soumet pas aux décisions
« du commandant territorial, la contestation sera vidée
« par la voie de l'arbitrage, conformément à l'article 349
« de la loi sur les travaux publics, au chapitre II du titre
« préliminaire du Code de procédure civile, et d'après la
« manière fixée dans le présent article. »

Cet arbitrage est confié à un ou trois arbitres choisis d'un commun accord par les parties parmi les officiers généraux ou supérieurs du génie militaire en activité de service ou en service auxiliaire. Si cet accord ne peut se faire, la désignation des arbitres et la fixation de leur nombre appartiennent au chef d'état-major de l'armée.

L'arbitrage a lieu pour toute contestation, soit technique, soit administrative, pouvant s'élever pendant l'exécution des travaux.

Ne peuvent être arbitres les officiers généraux ou supérieurs du génie qui auraient participé à la direction, surveillance ou expertise des travaux au sujet desquels se sont élevées les contestations.

Les arbitres nommés peuvent prononcer sur toute contestation « pour amener un arrangement amiable entre les parties, conformément aux articles 20 et 28 du Code de procédure civile. »

Les parties conferent à ces arbitres les pouvoirs les plus étendus, de sorte que leurs décisions valent « comme sentences d'arbitres *choisis librement*, non sujettes à appel ni à recours en Cassation. »

Pendant l'arbitrage, ne sont pas suspendues les mesures que l'Administration militaire croirait devoir prendre dans l'intérêt gouvernemental, ni celles qui pourraient être nécessaires pour la continuation d'office des travaux.

Ce qu'il y a de remarquable dans cette manière de régler les contestations, c'est que les arbitres étant tous choisis parmi des officiers du génie, le jugement est rendu par un véritable tribunal militaire, ce qui met l'entrepreneur à l'entière discrétion de l'État.

En Belgique, les choses se passent tout autrement : les tribunaux administratifs n'ont à s'immiscer en aucune façon dans les contestations qui peuvent s'élever entre l'entrepreneur et l'Administration, relativement à l'exécution des marchés.

Ces contestations sont de la compétence exclusive des tribunaux civils, en vertu de l'article 92 de la Constitution belge, qui a abrogé sur ce point la législation française, et surtout en vertu d'une jurisprudence constante de la juridiction civile.

Remarquons qu'en France, comme dans l'État belge, il s'agit toujours, en matière de marchés de travaux militaires, de la connaissance des difficultés qui peuvent naître à l'occasion de l'exécution d'un contrat du droit commun.

Les marchés de travaux militaires sont, en effet, avons-nous dit, des contrats synallagmatiques engageant l'entrepreneur, d'une part, et l'État, personne morale, d'autre part.

L'un doit livrer son ouvrage exécuté dans certaines conditions, l'autre doit payer le prix convenu. Les principes généraux du Code civil sont applicables, sauf les dérogations qui ont pu y être apportées par les conventions des parties.

Pourquoi donc la compétence administrative existe-t-elle à l'égard de tels contrats?

On invoque l'intérêt général qui s'attache à l'exécution de ces travaux, la nécessité de lumières spéciales de la part du juge qui a à trancher des questions techniques. Mais n'est-ce pas le juge civil qui est compétent pour connaître des difficultés nées à l'occasion de ces mêmes marchés toutes les fois qu'elles ne s'élèvent par entre l'Administration et l'entrepreneur, par exemple, entre l'entrepreneur et ses sous-traitants?

Les tribunaux ordinaires offrent, prétend-on, moins de garantie à l'intérêt public que la juridiction administrative.

Mais est-ce que dans les litiges relatifs aux marchés de travaux militaires, le juge a à connaître de l'intérêt public proprement dit? N'a-t-il pas seulement à examiner si un entrepreneur est lié par telle ou telle clause de son traité, et s'il a exécuté le travail conformément aux stipulations du contrat?

La mission du juge civil, si on admettait sa compétence, serait bien entendu exclusivement limitée à l'appréciation des conventions acceptées par les parties contractantes, en un mot, à l'examen des matières contentieuses relatives à l'exécution des obligations réciproques résultant du marché.

Examinons maintenant si le marché de travaux militaires est un contrat qui, par sa nature même, emporte nécessairement la compétence administrative.

Les actes d'administration se distinguent, comme on le sait, en actes d'autorité et actes de gestion.

Les actes d'administration nommés actes d'autorité parce qu'ils se rattachent à l'exercice d'un droit de puissance publique, relèvent de plein droit de la juridiction administrative.

Le principe de la séparation des pouvoirs suffit, en effet,

pour écarter l'intervention de l'autorité judiciaire toutes les fois que la puissance publique est seule en jeu. Au contraire, les actes de gestion accomplis par l'Administration dans l'intérêt d'un service public confèrent des droits acquis à des tiers, et par suite, bien que pouvant conserver un caractère de puissance publique, ces actes se rapprochent tellement de ceux de la vie civile que les tribunaux judiciaires semblent naturellement compétents pour leur appréciation. Tels sont les marchés de travaux militaires.

Il est vrai que dans l'opération de travaux militaires, il n'y a pas que des actes de gestion, y a aussi des actes d'autorité.

Par exemple : la décision ministérielle approuvant l'adjudication est un acte d'autorité; mais il est bien évident que ces actes d'autorité qui sont l'exception d'ailleurs échapperaient à la compétence du juge civil.

L'expropriation pour cause d'utilité publique dont le contentieux est cependant de la compétence des tribunaux civils, n'est-elle pas un acte de gestion ayant conservé essentiellement le caractère d'acte de puissance publique?

Ne rencontre-t-on pas aussi au cours de cette opération administrative des actes d'autorité, celui déclarant l'utilité publique, par exemple?

Il existe, dans le droit administratif, dit M. Laferrière, un grand nombre d'affaires contentieuses qui n'échappent à la compétence judiciaire qu'en vertu de dispositions législatives. La loi leur a imprimé ce caractère administratif qui ne s'imposait pas de plein droit, qui ne résultait pas nécessairement du principe de la séparation des pouvoirs. Telles sont les contestations qui intéressent l'administration considérée non comme puissance publique, mais *comme partie contractante*, comme sujet actif ou passif d'*obligations* qui se rattachent à la gestion *des services publics*.

Et, plus loin, parlant de la distinction entre les contestations qui sont administratives par leur nature, et celles qui n'ont ce caractère que par la détermination de la loi, cet auteur ajoute :

Cette distinction ne doit pas être perdue de vue par ceux qui raisonnent sur l'état de notre législation et sur la part plus ou moins large qui pourrait être faite à la compétence judiciaire.

Aucun motif d'ordre constitutionnel ne s'opposerait *a priori* à ce que le *contentieux des travaux publics* des marchés de l'État, de certaines obligations pécuniaires du Trésor, fût porté devant *les tribunaux* comme l'est déjà le contentieux de la plupart des affaires domaniales.

C'est en invoquant cette distinction si nettement établie par cet éminent auteur, que nous nous croyons fondé à émettre cette opinion qu'il n'existe pas de raison sérieuse pour ne pas imiter la Belgique en enlevant à la compétence administrative le contentieux relatif aux marchés de travaux militaires.

On objectera peut-être que chaque service-constructeur de l'État ayant un cahier des clauses et conditions générales différent, si le contentieux appartenait aux tribunaux

de première instance et aux cours d'appel, il pourrait se
produire sur le sens des articles de ces cahiers des charges
différents, des interprétations différentes dont l'État aurait
à souffrir, tandis que le Conseil d'État, seule juridiction
d'appel, assure l'unité de jurisprudence.

Si l'on se décidait, comme nous l'avons demandé, à faire
un décret stipulant des clauses et conditions générales
applicables à *tous les marchés* de travaux de l'État, on
détruirait en partie cette objection.

On prétendra aussi sans doute que les procès sont jugés
avec plus de célérité par les tribunaux administratifs que
par les tribunaux judiciaires.

Il n'en est rien. Les instances devant le Conseil d'État
durent aussi longtemps sinon plus que devant les tribunaux civils.

Nombre de procès engagés de 1877 à 1879 par des entrepreneurs de travaux de la Guerre étaient encore en instance devant le Conseil d'État en 1894.

Or, chaque année, les intérêts des sommes en litige
courent du jour de la demande en justice, en vertu des
articles 1153 et 1154 du Code civil, de telle sorte que lorsqu'il s'agira de rendre la décision définitive, le capital sera
presque doublé par les intérêts dus depuis le jour de la
requête introductive d'instance.

Il est temps de mettre un terme à des retards qui grè-
vent ainsi le budget, en enlevant au Conseil d'État parmi
ses attributions contentieuses celles qui peuvent être re-

— 218 —

mises à l'autorité judiciaire sans porter aucune atteinte au principe essentiel de la séparation des pouvoirs.

D'ailleurs, pourquoi ces litiges, si on les renvoyait devant les tribunaux de droit commun, ne seraient-ils pas jugés comme affaires sommaires? Pourquoi n'emploierait-on pas des formes analogues à celles suivies pour les procès en matière d'enregistrement?

L'instruction de ces instances pourrait se faire par mémoires respectivement signifiés et enregistrés gratis, et le jugement serait rendu sur le rapport d'un juge, après conclusions du Ministère public. On se rapprocherait ainsi de la procédure usitée devant les Conseils de préfecture, dont on conserverait les avantages, tant au point de vue des frais, que de la simplicité des formes.

Si la compétence des tribunaux de droit commun ne doit pas présenter d'inconvénients, pourquoi ne pas l'adopter?

Nous avons dit que le marché de travaux militaires devait tendre vers un contrat de droit commun. Cette assimilation si désirable au point de vue des intérêts pécuniaires de l'État se produirait bien plus facilement le jour où les contestations qui peuvent s'élever entre les deux parties contractantes seraient de la compétence de la juridiction civile.

Toutefois, nous n'avons pas eu l'intention de traiter à fond cette délicate question de compétence qui comporterait des développements sortant du cadre de cette étude, nous avons voulu simplement montrer que si la Belgique a rejeté en matière de marchés de travaux publics, l'ancienne législation française, sous l'empire de laquelle elle vivait,

et qui emportait, comme on le sait, la compétence administrative, il en pourrait être de même en France, ce qui
aurait d'ailleurs pour résultat immédiat de diminuer l'en-
combrement actuel de la section du Contentieux, et d'accé-
lérer ainsi le jugement des affaires.

Vu par le Président de la thèse,

HENRY MICHEL.

Vu par le doyen,

COLMET DE SANTERRE.

Vu et permis d'imprimer :

Le Vice-Recteur de l'Académie de Paris,

GRÉARD.

TABLE DES MATIÈRES.

CHAPITRE II.

Marché par adjudication publique.

TITRE III.

RÈGLES DE FOND ET OBLIGATIONS RÉSULTANT DES MARCHÉS.

CHAPITRE I.

Exécution du marché dans les conditions normales.

— 223 —

CHAPITRE II.
Changements apportés au marché en cours d'exécution.

Pages.

Sect. I. Changements permis.................................... 129
Sect. II. Nécessité des ordres écrits......................... 132
Sect. III. Ouvrages non prévus................................ 135
Sect. IV. Augmentation ou diminution dans la masse des travaux.. 137

CHAPITRE III.
Rupture du marché.

Généralités.. 146
Sect. I. Résiliation au profit de l'Administration.............. 147
Sect. II. Résiliation au profit de l'entrepreneur............... 151
Sect. III. Reprise du matériel................................. 156

CHAPITRE IV.
Mise en régie.

Sect. I. Cas dans lesquels la mise en régie peut être appliquée... 159
Sect. II. En quoi consiste la mise en régie.................... 161
Sect. III. Procédure de la mise en régie....................... 166
Sect. IV. Mesure de coercition en Belgique et en Italie........... 167

CHAPITRE V.
Clause pénale.

171

TITRE IV.
RÉGLEMENT DES DÉPENSES.

CHAPITRE I.
Réception des ouvrages.

177

CHAPITRE II.

Constatations des droits de l'entrepreneur.

CHAPITRE III.

Décomptes, paiements, liquidation.

TITRE V.

CONTESTATIONS.

CHAPITRE I.

Jugement des contestations.
Nécessité du recours hiérarchique préalable.

CHAPITRE II.

Juridictions compétentes en Allemagne, en Belgique et en Italie.

AIX-LE-CCC, IMPRIMERIE COSTANT-LAGUERRE.

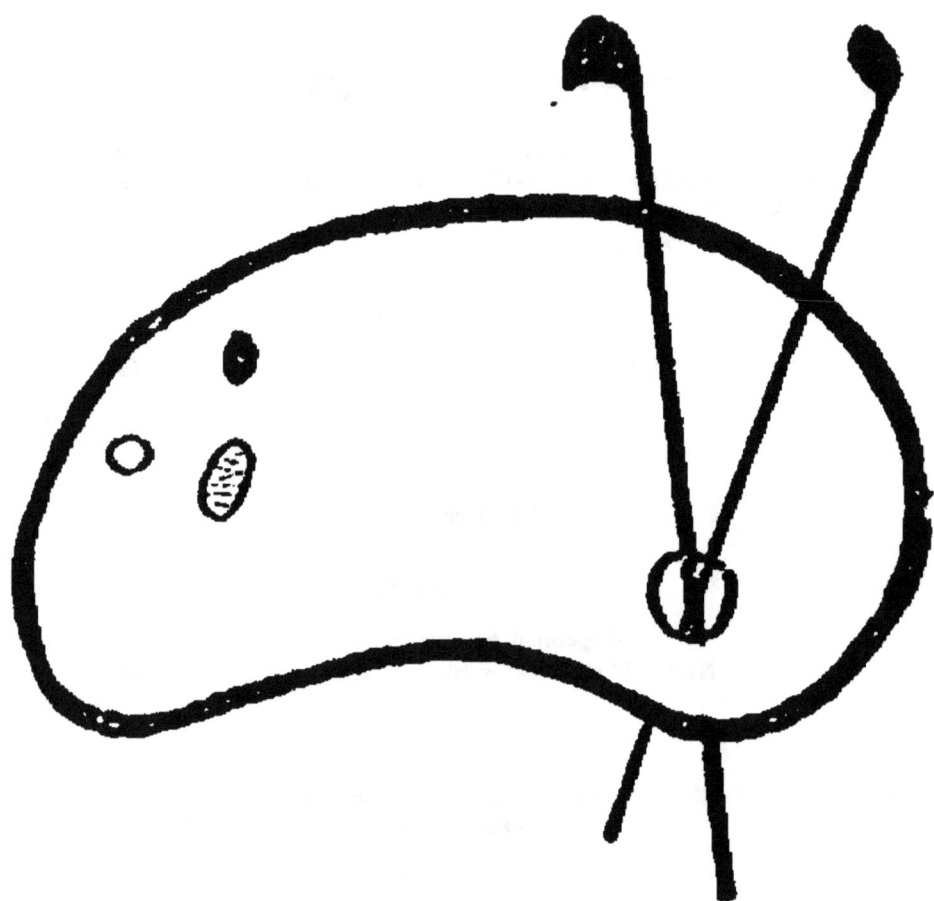

ORIGINAL EN COULEUR
NF Z 43-120-8